세종대왕 가출 실록

스푼북은 마음부른 책을 만듭니다. 맛있게 읽자, 스푼북!

인물 속 지식 쏙

세종대왕 가출 실록

초판 1쇄 발행 2017년 07월 15일
초판 7쇄 발행 2023년 05월 02일

글 고수산나 | 그림 최현묵

ⓒ고수산나 2017
ISBN 979-11-88283-02-6 73810

* 저작권법에 의하여 한국 내에서 보호를 받는 저작물이므로 무단 전재와 무단 복제를 금합니다.
  이 도서의 국립중앙도서관 출판예정도서목록(CIP)은 서지정보유통지원시스템 홈페이지(http://seoji.nl.go.kr)와 국가자료공동목록시스템(http://www.nl.go.kr/kolisnet)에서 이용하실 수 있습니다. (CIP제어번호 : CIP2017012703)
* 책값은 뒤표지에 있습니다.
* 잘못 만들어진 책은 구입하신 곳에서 바꾸어 드립니다.

발행처 주식회사 스푼북 | 발행인 박상희 | 출판신고 2016년 11월 15일 제2017-000267호
제조국 대한민국 | 주소 (03993) 서울시 마포구 월드컵북로 6길 88-7 ky21빌딩 2층
전화 02-6357-0050(편집) 02-6357-0051(마케팅)
팩스 02-6357-0052 | 전자우편 book@spoonbook.co.kr

*10세 이상 어린이 제품

제품명 세종대왕 가출 실록	제조자명 주식회사 스푼북	제조국명 대한민국	⚠ 주 의
전화번호 02-6357-0050			아이들이 모서리에 다치지 않게 주의하세요.
주소 (03993) 서울시 마포구 월드컵북로 6길 88-7 ky21빌딩 2층			
제조년월 2023년 05월 02일	사용연령 10세 이상		
※ KC마크는 이 제품이 공통안전기준에 적합하였음을 의미합니다.			

한글이 사라진 날의 기록

세종대왕 가출 실록

고수산나 글·최현묵 그림

스푼북

작가의 말

가장 위대한 왕

　우리나라 역사상 가장 위대한 왕을 꼽으라면 여러분은 누구를 선택하겠어요? 아마 많은 사람들이 세종대왕을 선택할 것입니다. 저는 전 세계에서 가장 위대한 왕이 누구냐고 해도 세종대왕이라고 자신 있게 말할 거예요.
　알렉산더 대왕이나 칭기즈칸처럼 정복 전쟁으로 넓은 세상을 지배한 왕은 있지만 세종대왕처럼 백성을 사랑하는 마음으로 직접 글자를 만든 왕은 찾기 힘들기 때문이지요.
　세종대왕이 없었다면, 그래서 한글이 없었다면 우리의 삶은 어떻게 달라졌을까요? 아마 상상하기도 어려울 정도로 많은 것들이 달라졌겠지요.
　오늘날 세계의 많은 사람들이 한글의 우수성에 놀라고 있습니다. 그런데 우리가 그런 한글을 어떻게 대하고 있는지 생각해 보면 세종대왕께 부끄럽고 죄송한 마음이 들어요. 한글보다 영어를 중요하게 여기고, 한글을 마구잡이로 줄이거나 바꾸며 오염시키는 경우도 있거든요.
　자신의 모든 것을 바쳐 우리들을 위해 한글을 만드신 세종대왕께 감사하는 길은 한글을 잘 익히고 보존하는 것이랍니다.
　세종대왕은 '이렇게 완벽한 사람이 있을 수 있을까?' 하고 놀랄 정도로 모든 면에서 뛰어난 분이셨어요. 과학과 문학, 법률, 예술 등 많은 분야에

　서 훌륭한 업적을 남기셨지요. 또한 인재들이 능력을 최대한 발휘할 수 있도록 이끄는 지도자셨어요. 무엇보다 가장 중요한 것은 백성을 사랑하는 따뜻한 마음을 가진 왕이셨다는 것이지요.

　이렇게 많은 일들을 하시기 위해 세종대왕은 쉴 새 없이 공부하며 힘쓰셨어요. 그래서 제대로 쉬지 못하셨고 점점 몸이 약해지실 수밖에 없었지요. 하지만 그 덕분에 당시의 백성들은 보다 나은 삶을 살 수 있었고, 현재의 우리는 뛰어난 문화유산을 많이 가지게 되었지요.

　우리나라에 세종대왕처럼 백성들을 사랑하는 마음으로 자기 몸을 아끼지 않고 열심히 노력하는 왕이 많았다면 얼마나 좋았을까 생각해 봅니다.

　여러분이 이 책을 읽고 세종대왕에 대해 더욱 많이 알게 되고 닮고 싶은 마음이 들면 좋겠어요. 그래서 여러분 중에서 세종대왕처럼 위대한 지도자가 나와서 우리나라를 훌륭하게 이끌어 주었으면 좋겠어요.

　자, 그럼 이제 세종대왕과 함께 시간 여행을 떠나 볼까요?

고수산나

차례

한글이 사라진다 · 8
충녕대군이 왕이 되기까지

궁을 탈출하다 · 19
세종을 도운 인물들

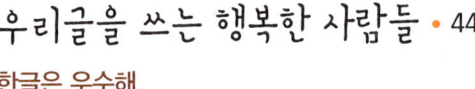

집현전에서 만난 사람들 · 31
세종의 꿈을 이루도록 도와준 집현전

우리글을 쓰는 행복한 사람들 · 44
한글은 우수해

조선어학회 사람들 · 58
조선어학회와 주시경

우리말 사전 원고를 찾아라! • 70
세종과 과학

커다란 세종대왕과 종이 위 세종대왕 • 85

세종대왕과 함께한 저녁 식사 • 96

다시 궁궐로 돌아오다 • 104
세계가 인정하는 세종의 업적

한글, 세상을 꽃피우다 • 116

세종대왕 시대 연표 • 123

한글이 사라진다

2200년

　수많은 컴퓨터로 둘러싸인 정보 연구소의 사람들이 오늘도 바쁘게 움직이고 있다. 검은색 옷을 입은 연구원들은 손목에 찬 컴퓨터와 장갑의 센서를 이용해 공중에 떠 있는 컴퓨터 화면을 이리저리 바쁘게 끌어 옮기고 있다.

　또 다른 연구원들은 눈앞에 뜬 영상을 통해 다른 사람들과 회의를 하고 있다. 바쁜 업무의 중간중간 사람들은 정보 연구소의 투명한 유리 벽 너머로 눈을 돌리기도 했다. 건물 밖에는 날아다니는 자동차들이 어지럽게 움직이고 있다.

　한창 연구소 안이 바쁘게 돌아갈 때 갑자기 '뚜뚜뚜' 하는 신호음과 함께 중앙에 있는 투명한 유리 벽이 보라색으로 깜박였다.

　"최고 단계의 비상사태입니다. 모두들 주목해 주십시오."

동그란 안경을 낀 남자가 앞으로 나섰다. 정보 연구소의 책임자인 연구소장이었다.

연구소장은 중앙 컴퓨터에 연결되어 있는 거대한 투명 화면을 살짝 건드렸다. 순식간에 수많은 정보들이 주르륵 흘러내리듯 쏟아졌다. 연구소 직원들은 연구소장의 화면에 자신들이 정리한 정보를 보내기 시작했다.

화면의 정보를 손가락만으로 움직여 살펴보던 연구소장은 소리쳤다.

"무엇이 문제인지 찾았습니다. 이것은 한글이 사라질 위기에 대한 경고입니다."

연구소장의 말에 직원들은 모두 깜짝 놀랐다.

"한글이 사라진다고요?"

"어떻게 그런 일이 생길 수 있지요?"

모든 직원들이 놀라고 있을 때 화면을 보던 연구소장이 말했다.

"서둘러 역사 연구소에 연락하도록 하세요."

1분이 채 지나기도 전에 머리가 희끗희끗한 여자가 컴퓨터 화면에 얼굴을 비추었다.

"소장님, 연락 받았습니다. 역사에 문제가 생겼다고요?"

"네, 박사님. 한글이 사라지려고 하고 있습니다. 역사 연구소에서 그 원인에 대해 얼른 알아봐 주셔야겠습니다."

정보 연구소장의 말에 역사 연구소 박사가 직원들과 바쁘게 움직이며 원인을 찾기 시작했다. 얼마 지나지 않아 역사 연구소 박사가 화면에 다시 나타났다.

"조선 시대에 원인이 된 사건이 발생했습니다. 정확한 날짜는 1418년 8월 7일이에요!"

"세종대왕이 될 충녕대군이 왕위에 오르기 사흘 전이에요. 태종이 충녕대군에게 왕위를 물려주겠다고 발표하기 하루 전이지요."

역사 연구소의 누군가 다급한 목소리로 말했다.

정보 연구소와 역사 연구소의 화면에 동시에 같은 장면이 떴다. 충녕대군인 이도(충녕대군의 본디 이름)와 그를 모시는 김 내관의 모습이 나타났다.

두 사람은 겸사복(왕과 궁궐을 지키는 사람)과 궁궐 호위대의 눈을 피해 어두운 궁궐을 살금살금 빠져나가고 있었다.

"화면을 좀 더 자세히 확대해 봐요."

역사 연구소장의 외침에 충녕대군의 모습이 더 크게 나타났.

충녕대군은 엎드려 등을 내미는 김 내관을 밟고 올라가 담을 넘었다. 충녕대군이 궁궐 담장을 넘어가자 역사 연구소 안에는 탄식이 울렸다.

"왕이 되고 싶지 않은 충녕대군이 궁 밖으로 나가고 있어요. 역사가 바뀌고 있다고요."

"이럴 수가! 충녕대군이 왕위에 오르지 않으려고 해요. 그럼 한글도 창제되지 않게 되는 거잖아요!"

역사 연구소 직원들이 연이어 큰 소리로 외쳤다. 화면 속의 충녕대군과 김 내관이 궁 밖으로 달아나는 모습이 점점 멀리 잡혔다.

"일단 계속 추적하세요."

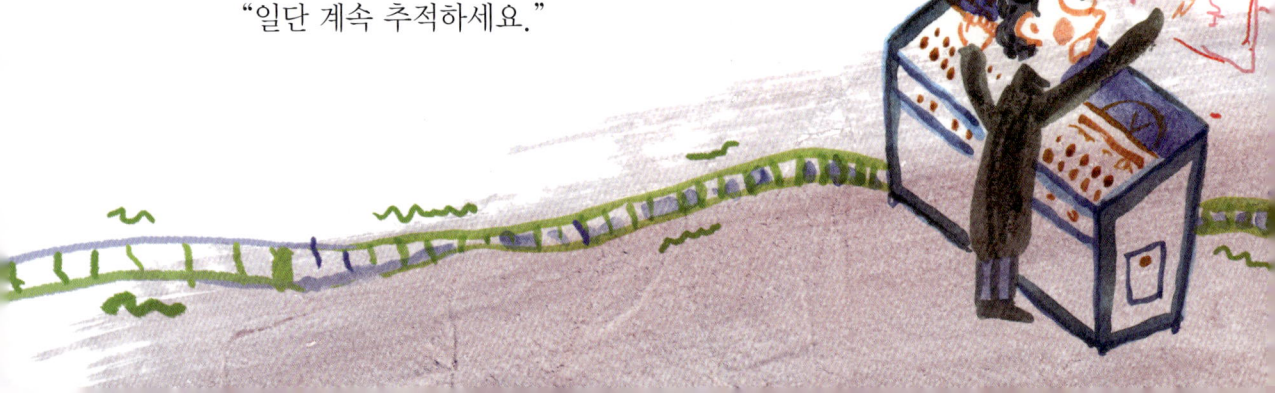

곧바로 화면 속의 충녕대군 얼굴에 네모난 표시가 떴다. 얼굴 인식 프로그램이 실행됐으니 이제 충녕대군이 어디로 가든지 연구소 사람들이 지켜볼 수 있게 되었다.

사람들의 고함 소리가 이어지고 문화부 장관과 한글 박물관장에게도 이러한 소식이 전해졌다. 잠시 후, 중앙 회의실에서 정보 연구소장이 앉은 둘레로 문화부 장관과 한글 박물관장, 역사 연구소 박사의 모습이 차례차례 3차원 영상으로 나타났다. 모두들 각자의 사무실에서 자신의 모습을 영상으로 전송하고 있었다.

"모두들 모여 주셔서 감사합니다. 들으신 것처럼 한글이 없어질 수도 있는 우리나라 최대의 위기가 생겼습니다. 이 문제를 어떻게 해결해야 할지 의견을 주시기 바랍니다."

정보 연구소장의 말에 한글 박물관장이 서둘러 말했다.

"저희들이 조사한 바에 의하면 한글이 창제되지 않으면 우리의 기억 속에 있는 한글도 사라지게 됩니다. 한글 자체가 아예 없었던 것처럼 모든 사람의 기억 속에서 없어지는 거죠. 한글로 기록된 책이나 자료들도 마찬가지입니다. 시간이 많이 남지 않았습니다."

"한글이 사라진다는 것은 우리의 문화가 사라진다는 것과 같습니다. 우리의 문화와 정신은 글과 연결되어 있기 때문입니다."

이번에는 문화부 장관이 근심스러운 표정으로 말했다.

"맞습니다. 한글은 우리 문화의 뿌리입니다. 뿌리가 흔들리면 어떤 문화도 바로 설 수 없습니다."

"빨리 방법을 찾아야겠군요."

정보 연구소장이 턱을 만지작거리며 말했다.

"그렇다면 방법은 한 가지뿐입니다. 충녕대군이 왕위에 오르게 만들어야겠지요. 원래의 역사대로 될 수 있게 말이에요. 그러려면 누군가 과거로 가야 합니다."

역사 연구소 박사의 말에 모두들 가만히 고개를 끄덕였지만 누구도 말이 없었다. 정보 연구소장이 가장 먼저 말을 꺼냈다.

"그런데 누군가 미래에서 왔다고 하면 충녕대군께서 믿을까요? 믿는다고 해도 충녕대군을 잘 설득할 수 있을까요?"

한글 박물관장도 말을 꺼낸 박사도 가만히 앉아 있지 못하고 왔다 갔다 하며 고민을 했다. 그들을 비추고 있는 3차원의 입체 영상도 그에 따라 조금씩 흔들렸다.

"충녕대군을 강제로 왕위에 올릴 수는 없어요. 궁에서 못 나가게 막을 수도 없고요. 충녕대군 스스로 마음을 돌려야 합니다."

회의실에 모인 사람들은 충녕대군에게 어떻게 거부감 없이 다가가 설득할 것인지에 대해서 쉬지 않고 회의했다. 그리고 회의를 거듭한 끝에 충녕대군이 있는 과거로 특별 임무를 띤 사람을 보내기로 했다.

"충녕대군에게 우리의 뜻을 잘 전달할 수 있으려면 대군이 편하게 믿을 수 있는 사람이어야 해요."

"남자가 좋겠군요. 조선 시대에는 남자와 여자가 자유롭게 이야기하거나 함께 다니지 않았으니까요."

"어린아이가 어떨까요? 충녕대군이 아이는 더 쉽게 믿고 따라가지 않을까요?"

모두들 고개를 끄덕였다.

"내가 이 임무에 잘 맞는 아이를 알고 있습니다. 정보 연구소로 바로 그 아이를 보내도록 하지요."

한글 박물관장이 미소를 띠며 말했다. 회의가 끝나자 순식간에 모두의 영상이 사라졌다.

❀❀❀

몇 시간 뒤, 정보 연구소에 한 남자아이가 찾아왔다. 동그란 눈에 웃는 모습이 귀여운 씩씩한 아이였다.

"네가 한글 박물관장님이 추천한 아이구나. 한글 알림이 어린이 대표 한얼이지? 네가 역사와 한글에 대해 아주 잘 알고 있다고 하시더구나."

"네. 자세한 이야기는 한글 박물관장님께 들었어요. 세종대왕을 만나러 간다니까 정말 기뻐요. 잘 해낼 자신도 있고요."

또랑또랑한 한얼이의 목소리에 연구소장은 기분이 좋아졌다. 한껏 들뜬 목소리를 들으니 한얼이가 얼마나 이 임무를 기대하는지도 알 수 있었다.

"아무나 시간 여행을 할 수는 없어. 이번 일처럼 아주 특별한 경우에만 나라의 허가를 받고 할 수 있지. 너는 아주 대단한 일을 하는 거란다. 하지만 어려울 것은 없어. 우리가 계획한 대로 세종대왕을 잘 안내하면 돼. 모든 일정은 여기서 컴퓨터로 조정할 거야. 너는 세종대왕이 시간 여행을 편하게 받아들일 수 있도록 해 주렴."

"걱정 마세요. 설명 들은 대로 잊지 않고 잘 할게요. 한글이 절대로 사라지지 않게 말이에요."

어느새 정보 연구소 직원들이 한얼이 주위에 둘러섰다. 직원들은 한얼이의 어깨를 두드려 주거나 머리를 쓰다듬어 주었다.

"네가 정말 믿음직스럽구나. 우리가 여기서 널 지켜보고 있으니까 겁낼 것 없단다. 넌 절대 위험에 빠지지 않을 거야."

"네. 알고 있어요."

한얼이는 안내를 받아 시간 여행 장치인 유리관 안으로 천천히 들어갔다. 한얼이의 머리와 손발에는 여러 가지 전선이 연결됐다. 한얼이는 가슴이 조금씩 두근거리기 시작했다.

"모두들 준비됐죠? 이제 시작해 주세요."

연구소장의 말에 직원들은 자신의 앞에 있는 투명 모니터에 정보를 입력하고 지켜보았다.

잠시 후 유리관에서 알록달록한 빛이 쏟아져 나왔다. 한얼이는 크게 숨을 들이마신 후, 잘 다녀오겠다는 뜻으로 자신을 지켜보는 연구소 사람들에게 고개를 끄덕이며 웃어 보였다.

"한얼아, 잘 해내라!"

사람들은 한얼이에게 박수를 보냈다. 모두의 간절한 마음을 품고 한얼이는 빛 속으로 사라졌다.

충녕대군이 왕이 되기까지

아버지 태종과 세종

조선을 세운 태조 이성계에게는 많은 아들이 있었는데 그중 이방원은 아버지가 왕위에 오를 수 있게 도운 아들이야. 하지만 이성계는 다른 아들에게 세자 자리를 줬어. 이에 화가 난 이방원은 '왕자의 난'을 일으켜 권력을 잡게 돼.
조선의 제3대 왕인 태종이 된 이방원은 왕권을 강화하기 위해 권력을 가진 많은 사람들을 죽음으로 몰아넣었어. 또한 아들인 세종이 왕위에 오른 후에는 왕권 강화를 위해 세종의 왕비의 가족들을 죽이거나 노비로 만들었어. 아버지인 태종이 뒤에서 이런 일들을 했기 때문에 세종은 왕의 자리를 굳건히 지키며 마음껏 자신이 하고 싶은 일을 펼칠 수 있었어.

왜 셋째 아들인 충녕대군이 왕위에 올랐을까?

숭례문의 현판 양녕대군이 썼다는 이야기가 전해진다.

태종은 큰아들이 왕위를 물려받는 원칙을 지키려 처음에는 첫째인 양녕대군을 세자로 삼았어. 하지만 양녕대군은 공부 대신 노는 것을 더 좋아했고 세자 자리에 맞지 않는 행동으로 태종의 미움을 받았어. 결국 세자 자리를 동생에게 내주어야 했지.
셋째 아들인 충녕대군은 마음이 따뜻하고 똑똑했으며 책 읽기를 무척 좋아해서 백성을 다스리는 왕의 자리에 잘 어울린다고 태종은 생각했지.

궁을 탈출하다

태종 18년, 1418년

경복궁 안 외진 곳에서 김 내관과 젊은 노비 한 명이 은밀히 만났다. 열대여섯 살쯤으로 보이는 노비는 김 내관에게 속삭였다.

"새벽이 되기 전에 궁 밖으로 오십시오. 제가 말을 데리고 기다리고 있겠습니다. 다른 사람에게 들키면 제 목숨도 끝입니다. 약속한 시각까지 오지 않으면 저는 도망칠 테니 알아서 하십시오."

"알았다. 늦지 않게 세자 저하를 모시고 가마. 내가 겸사복의 눈을 피할 방법을 연구해 놓았으니 걱정 말아라."

김 내관은 노비 앞에서 큰소리는 쳤지만 동궁_{세자가 사는 곳}으로 돌아오는 길에 한숨만 연거푸 쉬었다.

'세자 저하께서는 어찌 이리 엄청난 일을 하려고 하실까? 이제 나도 죽은 목숨이나 다름없구나.'

김 내관은 발목에 돌덩이를 단 것처럼 발걸음이 쉽게 옮겨지지 않았다. 방 안을 서성이던 세자, 충녕대군은 김 내관이 들어오자마자 반갑게 맞았다.

"그래, 계획은 잘 실행되고 있느냐?"

충녕대군이 김 내관에게 작은 목소리로 물었다.

"네, 저하. 오늘 밤이옵니다. 노비가 궁 밖에서 말을 대기시켜 놓고 기다리고 있을 것입니다."

"노비라고? 어떤 자이냐?"

"손재주가 뛰어나 궁궐에 일을 하러 가끔씩 들어오는 관노_{관청의 노비}이옵니다. 믿을 만하고 쓸모가 많은 자이지요. 저하께서 암자에 계실 때 필요한 것들도 잘 만들어 낼 것이옵니다."

그제야 충녕대군은 고개를 끄덕이며 안심했다.

"저하, 아직도 늦지 않았으니 다시 생각해 보심이……."

까칠한 수염이 나기 시작한 젊은 내관은 아직도 가슴이 콩닥거렸다. 얼마 뒤면 왕위에 오를 세자가 궁 밖으로 도망치는 것을 도와야 하기 때문이었다.

"난 결심을 굳혔다. 형님을 밀어내고 세자가 된 것도 부족해서 아바마마께서 멀쩡히 살아 계시는데 왕이 되다니……. 나는 왕이 될 준비가 전혀 되어 있지 않다. 게다가 내가 왕이 되면 상왕 전하_{정종}와 아바마마_{태종}가 계시니 이 나라에 왕이 세 명이나 있게 된단 말이다."

충녕대군은 뒷짐을 지고 방 안을 왔다 갔다 했다.

"나는 그저 책을 읽고 공부하는 것이 좋을 뿐이다. 그렇게 마음 편히 살고 싶구나. 아바마마께서 왕위에 오르기 위해 형제들의 목숨을 빼앗는 것을 보고 자랐는데 나까지 형님과 아바마마를 밀어낼 수는 없지."

충녕대군은 어린 시절이 떠올랐다. 늘 전쟁터에서 살았던 할아버지 이성계, 할아버지를 도와 나라를 세웠지만 왕위에 오르기 위해 수많은 사람들을 무참히 죽였던 아버지.

충녕대군은 고개를 절레절레 흔들었다.

'이렇게 도망치는 것이 아바마마에 대한 불충이라는 것은 알지만, 아바마마도 결국 이해해 주실 거야.'

충녕대군은 임금인 아버지에게 남기는 편지를 쓰기 시작했다.

❀ ● ❀

날이 어두워지자, 김 내관과 충녕대군은 옷을 갈아입고 궁궐을 빠져나왔다. 궁궐 밖에는 김 내관이 낮에 만난 노비가 기다리고 있었다.

"이 자가 바로 말씀드렸던 장영실입니다."

"그렇구나. 이제 함께 살게 될 터이니 잘 부탁하마."

충녕대군은 자기보다 몇 살 어려 보이는 장영실에게 웃으며 말했다.

"저하. 어서 말에 오르시지오. 갈 길이 멉니다."

충녕대군은 말을 타고, 김 내관은 그 옆에서 걸었다. 장영실은 말고삐를 잡고 앞장섰다.

"너희들에게는 정말 미안하고 또 고맙구나. 나를 위해 목숨을 걸어야 했으니……."

충녕대군은 김 내관과 장영실에게 말했다.

"말이 나왔으니 말인데요."

장영실은 그동안 참고 있던 말을 쏟아 내기 시작했다.

"저 같은 노비도 잘 참고 사는데 왕위에 오르실 세자 저하께서 이렇게 궁 밖으로 도망치신다는 게 말이 됩니까? 나라에서 가장 높은 자리를 왜 싫다 하시는지 이해가 안 됩니다."

장영실의 말이 끝나자마자 김 내관이 야단을 쳤다.

"감히 저하께 함부로 말을 하다니. 죽고 싶은 게냐?"

"그만해라. 이 자의 말이 맞지 않느냐. 그리고 이제 함께 지내야 하니 서로 할 얘기를 편하게 하고 살도록 하자. 높은 자리에 있는 사람도 그만한 고통이 있지 않겠느냐. 그렇게만 알아주길 바란다."

충녕대군의 말에 장영실의 어깨가 으쓱해졌다. 대군이 자신의 편을 들어 주어 기분이 좋아진 장영실은 싱글벙글 웃으며 말했다.

"소인이 손재주 하나는 끝내줍니다. 세자 저하께서 필요하신 책상과 책장을 멋지게 만들어 드리겠습니다. 저하께서 편히 쓰실 수 있도록 맞춤식으로 말이죠. 또 필요하신 것은 뭐든지 말씀만 하시고요."

그제야 김 내관도 마음을 풀고 말했다.

"저하께서 머물 암자에 이미 필요한 것들을 준비해 놓았습니다. 저희가 온 마음을 바쳐 저하를 섬길 것입니다. 물론 주상 전하께서 저희를 찾아내지만 않는다면 말이지요."

김 내관은 아직도 두려운지 주위를 둘러보았다.

"걱정 마라. 우리가 다시 궁궐에 끌려오더라도 너희 둘의 목숨은 내가 어떻게든지 지켜 줄 터이니."

세 사람은 오순도순하다 때로는 티격태격하며 밤길을 걸었다. 여름의 밤은 별들로 환했다. 한참을 걷다 보니 김 내관과 장영실은 옷에 땀이 배어 나왔다.

말을 탄 충녕대군도 땀이 나는지 이마를 팔로 닦았다.

어느덧 세 사람이 숲에 들어섰을 때였다. 나무들 사이에서 밝은 빛이 새어 나왔다. 그 빛은 영롱하게 뿜어져 나오더니 곧 사라졌다. 김 내관은 얼른 충녕대군의 앞을 막아섰다.

장영실이 말의 고삐를 놓고 빛이 나온 쪽을 살펴보려는데 숲 속에서 웬 남자아이가 걸어 나왔다.

남자아이는 말을 탄 사람이 누군지 알고 있다는 듯이 충녕대군 앞으로 걸어와 고개를 꾸벅 숙이며 인사했다. 김 내관과 장영실은 너무 놀라서 입만 벌리고 있었다.

"너는 누구인데 이 늦은 밤, 숲에서 무얼 하고 있느냐? 그것도 어린아이 혼자서."

"세자 저하, 처음 뵙겠습니다. 저는 저하를 만나기 위해 아주 먼 곳에서 왔습니다."

낯선 도령_{총각을 대접하여 이르는 말}이 단번에 자신을 알아보자 이번에는 충녕대군까지 놀라 입을 벌렸다.

"도, 도, 도령은 누구시오? 이분이 세자 저하인 것을 어찌 아시었소?"

김 내관은 덜덜 떨리는 다리에 힘을 주며 말했다.

"믿기 힘드시겠지만 저는 아주 먼 미래에서 왔답니다. 지금으로부터 7백 년도 더 먼 미래지요. 세자이신 충녕대군을 만나 뵈러 이렇게 과거로 찾아왔습니다."

한얼은 한 마디 한 마디 힘주어 말했다.

"저하께서 왕위에 오르시지 않는다면 여러 가지 문제가 생깁니다. 그 중 가장 큰 문제는 앞으로 저하께서 만드실 글자가 없어진다는 것입니다. 그 글자로 이 나라 백성들이 미래까지 아주 잘 쓰고 있거든요."

"정말 보통 아이가 아니구나. 막연히 백성들을 위한 우리만의 글자가 있었으면 좋겠다고 생각했는데. 내가 능력이 되어 글자를 만들 수 있으면 얼마나 좋을까 하고 나 혼자만 생각하고 있었단 말이다. 그런데 어찌 네가 내 속마음까지 알고 있단 말이냐?"

충녕대군은 한얼이를 찬찬히 내려다보았다.

"네가 정말 미래에서 온 것이냐?"

"말이 안 됩니다. 어찌 7백 년도 넘는 먼 미래의 사람이 여기까지 온단 말입니까? 타고 온 말도 보이지 않는데요?"

김 내관은 의심스러운 눈초리로 한얼이를 위아래로 훑어보았다.

"저는 이 도령의 이야기를 믿습니다. 불과 얼마 전에 고려에서 조선으로 나라도 바뀌지 않았습니까? 아주 먼 미래에는 말이 없어도 과거로 여행 올 수 있는 세상이 될 수도 있겠지요."

장영실은 자신 있게 한얼이의 앞으로 나섰다.

"그래서 우리를 어찌할 생각입니까? 저하를 강제로 궁궐로 돌려보내려고 온 것입니까?"

장영실의 말에 한얼은 고개를 절레절레 흔들었다.

"아닙니다. 저는 저하께 미래를 여행시켜 드리려고 합니다. 저하께서

이 땅의 백성들의 미래를 보시고 선택하십시오. 왕이 되실 것인지, 아니면 이대로 산속에 묻혀 사실지."

낯선 도령을 따라 시간 여행을 해야 한다는 말에 김 내관은 펄쩍 뛰었다. 감히 세자 저하를 어디로 데려가려고 하느냐, 도술을 부려 저하의 마음을 어지럽히려고 그러는 것이냐 하면서 한참 실랑이를 벌였다.

하지만 장영실은 쉽게 한얼이를 따라나섰다.

"저는 여기서 노비입니다. 사람 취급도 못 받는 노비 말입니다. 그런 제가 무엇이 두렵겠습니까? 나쁘다 한들 노비인 처지보다 더 나쁘겠습니까? 저는 미래가 어떠한 세상일지 궁금합니다."

장영실의 말에 김 내관은 고개를 들어 충녕대군을 바라보았다.

"솔직히 나는 왕이 되는 것이 두렵구나. 왕이 된다는 생각은 꿈에서도 해 본 적이 없단 말이다. 더군다나 아바마마와 형님이 계신데 이렇게 갑자기 왕이 되어야 한다니. 한 나라의 왕은 그렇게 되어서는 안 된다. 덕이 있고 백성을 잘 다스릴 능력이 있는 준비된 사람이 왕이 되어야 한다."

충녕대군은 잠시 생각하더니 결심한 듯 말했다.

"이 도령을 따라 미래를 여행해 보고 싶구나. 위첩할 듯도 싶지만 귀한 것일수록 쉽게 얻을 수 없는 것이 아니더냐? 미래로 가면 아바마마도 날 찾지 못하실 테고."

충녕대군의 말을 들은 김 내관은 그 자리에 털썩 주저앉아 버렸다.

"저하. 저는 못 갑니다. 무서운 것도 무서운 것이지만 누군가는 저하의 소식을 전해야 할 것이 아닙니까?"

김 내관은 금방이라도 울 것 같은 얼굴로 가슴을 퍽퍽 쳤다.

한얼은 충녕대군에게 다가와서 말의 고삐를 잡았다. 자기를 떼어 놓고 갈까 봐 장영실도 얼른 말 옆에 다가와 한얼과 함께 고삐를 잡았다.

김 내관은 장영실을 붙잡고 저하를 지키라고 신신당부했다.

"제가 목숨을 걸고 세자 저하를 지키겠습니다. 저하 옆에 붙어서 절대로 떨어지지 않겠습니다."

장영실이 약속을 했는데도 김 내관은 못 미더운 듯 불안해했다. 김 내관은 온몸이 부들부들 떨렸다.

"걱정 마세요, 김 내관님. 저하께서는 이 밤 안에 안전히 돌아오실 테니까요."

김 내관을 안심시켰지만 한얼이도 긴장이 되는지 숨을 한 번 크게 쉬었다. 그리고 손목에 찬 컴퓨터의 버튼을 눌렀다.

"주변이 빠르게 바뀌어 조금 어지러울 수도 있습니다. 하지만 저하는 그냥 말 위에 가만히 앉아 계시면 됩니다. 나머지는 저희들이 다 알아서 하겠습니다."

"저희들이라고? 너 말고 또 누가 있느냐?"

충녕대군의 말이 끝나기도 전에 주변이 조금씩 바뀌기 시작했다. 김 내관이 울부짖는 소리도 더 이상 들리지 않았다.

하늘에 떠 있는 달이 보름달이 되었다가 반달이 되며 빠르게 모습을 바꾸더니 해와 달이 번갈아 가며 떠올랐다. 숲의 모습도 순식간에 달라졌다. 나무가 커졌다 사라지기도 하고 나뭇잎 색깔도 순식간에 변했다.

분명히 충녕대군은 말 위에 앉아 있었고 장영실은 말의 고삐를 불끈 쥐고 있었는데도 주변의 모습이 너무나 빠르게 변해 몸을 움직이고 있는 것 같았다. 충녕대군과 장영실은 약속이나 한 듯 눈을 질끈 감았다.

"두 분 모두 겁내지 마십시오. 우리는 미래로 가고 있습니다. 여기와는 다른 곳이니 그 시대에 맞는 차림을 하고 그곳에 어울리는 사람이 되어 있을 것입니다."

한얼의 목소리가 메아리처럼 울려 퍼졌다. 그리고 꿈결에서 들리는 것처럼 말소리가 점점 아득해졌다.

세종을 도운 인물들

세종이 붙잡은 유능한 관리, 황희

황희는 성품이 인자하고 신중하여 원칙을 지키면서도 일 처리 능력이 뛰어났어. 그래서 세종의 특별한 사랑을 받았어.

하루는 황희에게 손님이 찾아와서 이야기를 나누고 있는데 지저분한 옷을 입은 아이들이 방 안으로 뛰어 들어와 황희의 수염과 볼을 잡아당겼다고 해. 이를 보고 놀란 손님이 "이 아이들은 누구입니까?" 하고 묻자 황희는 "우리 집 노비의 아이들이라네. 허허." 하며 자신의 무릎에 아이들을 앉혀 놀게 하였대. 노비의 아이라 하여 함부로 대하지 않고 아이들을 아끼는 황희의 성품을 알 수 있겠지?

황희 오랜 시간 높은 벼슬을 지냈지만 가진 것이라고는 비가 새는 초가, 기운 이불과 서책이 전부였다고 한다.

임금의 빛나는 손, 장영실

장영실은 기생인 어머니의 신분을 따라 관청의 노비가 되었어. 노비 신분에도 불구하고 세종 때 그 능력을 인정받아 벼슬에 올랐고, 명나라에 가서 과학 기술을 공부하고 오기도 했어.

혼천의, 간의, 자격루, 앙부일구 등 여러 천체 관측 기구와 과학 기구를 발명하여 조선 시대 과학 발전에 큰 공을 세웠어. 하지만 세종이 타려던 가마를 만들었다가 가마가 부서지는 바람에 곤장을 맞고 궁궐에서 쫓겨난 후 역사의 기록에서 사라졌어.

나라를 지킨 호랑이, 김종서

김종서는 두만강 일대에 6진을 쌓고 외적의 침입을 물리치며 국방의 경계를 튼튼히 했어. 하루는 적군의 화살이 책상으로 날아와 꽂혔는데도 눈 하나 깜짝하지 않아서 주변 사람들이 더 놀라기도 했대. 또한 반대 세력이 김종서를 죽이기 위해 몰래 음식에 독을 넣었으나 죽지 않을 정도로 강한 정신력과 신중함을 가진 사람이었어. 외적들이 이름만 들어도 벌벌 떠는 조선의 듬직한 장수였지.

● 당시 6진의 위치이다.

조선의 음악 천재, 박연

편경 더위나 추위에도 음정의 변화가 없어 모든 악기 조율의 기준이 된다.

박연은 중국의 악기에서 벗어나 우리나라 정서와 음에 맞는 악기를 제작하거나 고쳐 만들었으며, 조선의 음악을 체계적으로 정리해 국악 발전에 큰 공을 세웠어.

한번은 박연이 옥으로 만든 편경인 옥경을 세종에게 바쳤어. 옥경을 쳐 보던 세종이 "경쇠(옥이나 돌, 놋쇠로 만든 타악기) 소리가 약간 높으니, 몇 푼을 빼면 소리가 조화를 이룰 것이다."라고 말했대. 박연이 옥경을 자세히 살펴보니 실제 옥경을 만든 기술자가 제대로 하지 못한 부분이 있었대. 세종은 이렇게 음에 대한 감각 또한 아주 뛰어났어.

> 경국대전에는 편경을 망가뜨리는 자는 곤장 100대와 유배 3년의 벌에 처한다고 나와 있다는구나.

집현전에서 만난 사람들

1446년

갑자기 주위가 조용해지나 싶더니 다시 시끄러워졌다. 장영실이 먼저 눈을 떴다.

"저하, 괜찮으십니까?"

장영실은 주위를 둘러보기도 전에 충녕대군부터 찾았다. 충녕대군은 그제야 눈을 천천히 뜨고 주위를 둘러보았다. 말을 타고 있던 충녕대군은 어느새 수레에 걸터앉아 있었다. 장영실은 책이 가득 담긴 수레의 손잡이를 말고삐 대신 끌고 있었다.

"여기가 어디냐? 궁궐 안이구나. 그런데 말은 어디로 갔지?"

"그 도령이 우리를 다시 궁궐로 보냈나 봅니다. 그런데 도령이 보이지 않습니다."

"궁궐은 맞는데 이상하다. 아까는 밤이었는데 지금은 낮이구나. 그리고 우리 옷차림도 달라졌어."

그때 다시 한얼이가 나타났다.

"기분이 어떠십니까? 여기는 28년 후로 저하께서 왕이 되신 시대입니다. 이곳은 경복궁 안이고요."

한얼의 말에 충녕대군과 장영실은 다시 주위를 둘러보았다.

"여러분들은 지금 집현전 서리가 되어 있습니다. 서리는 집현전에서 학사들의 잔심부름과 책 정리 등을 한답니다. 앞으로 제가 보이지 않더라도 걱정 마십시오. 저는 두 분과 함께 있을 것입니다."

한얼이 미소를 지으며 말했다.

"자네들 뭐 하나? 책들을 얼른 안으로 들이지 않고."

비슷한 옷을 입은 서리가 어리둥절해하고 있는 충녕대군과 장영실을 툭툭 치며 지나갔다.

"저놈이 감히 저하를 치다니!"

장영실은 수레를 놓고 뛰어가 금방이라도 서리의 뒤통수를 때릴 기세였다.

"영실아, 진정하거라. 여기서 나는 세자가 아니다. 그냥 서리일 뿐이다. 너도 나를 저하라고 불러서는 안 된다. 알겠느냐?"

"그래도 저하, 아니지 참. 그럼 뭐라고 불러야 할까요?"

"음……, 같은 서리니까 그냥 이 씨?"

"네? 푸하하. 말도 안 돼요."

두 사람이 농담을 주고받으며 웃는 사이 한얼은 사라지고 없었다. 충녕대군과 장영실은 수레에 담긴 책을 안고 학사들이 있는 방으로 들어

갔다.

"책을 서고에 정리해 놓고 어떤 책인지 여기에 기록하거라."

집현전 학사 성삼문이 충녕대군에게 책자를 내밀었다. 충녕대군은 한쪽 구석에 얌전히 앉아 마치 진짜 서리처럼 기록하기 시작했다. 글을 잘 모르는 장영실은 충녕대군이 쓴 글을 더듬더듬 읽다가 책의 먼지를 닦고 정리하는 일을 했다.

"전하의 건강은 쉽게 좋아지시지 않을 듯싶습니다. 아침에 뵈니 팔과 다리를 편히 움직이지 못하셨습니다."

신숙주가 이마에 주름이 잔뜩 잡히도록 걱정스러운 표정을 지었다.

"눈에서 나는 고름도 그치지 않는다지요? 건강도 돌보지 않으시고 저렇게 일만 하시니 몸이 성한 곳이 없으시지요. 그렇게 쉬셔야 한다고 청을 드려도 듣지 않으시니 큰일입니다."

"오히려 건강이 더 나빠지기 전에 공부해야 한다며 더욱 서둘러 책을 읽으시더이다."

집현전 학사들이 임금의 얘기를 하자 장영실이 고개를 학사들 쪽으로 돌렸다.

"몸에 난 종기 때문에 제대로 눕지 못해서 잠도 편히 주무시지 못하시다던데. 정말 마음이 아픕니다."

"그러게 말입니다. 전하께서는 당신 몸은 돌보지 않으시면서도 저희들 식사 걱정을 하고 계신다고 합니다. 책 읽고 공부하는 사람들이 잘 먹어야 한다면서."

임금의 얘기에 학사들은 읽던 책을 덮고 모두 걱정을 했다. 장영실이 충녕대군 옆으로 슬그머니 다가와 속삭였다.

"다들 저하 걱정을 하고 있는 것 같습니다. 왕이 되셔도 책 좋아하시는 건 여전하신가 봅니다."

충녕대군은 그새 정리하던 책을 읽느라 아무 얘기도 듣지 못했다. 장영실이 옆구리를 쿡쿡 찌르자 그제야 충녕대군은 학사들의 얘기에 귀를 기울였다.

"초수리 약수가 좋다고 하여 전하께서 그쪽으로 요양을 가시지 않았습니까? 왜 또 가시지 않는 것입니까? 꾸준히 치료를 해야 좋아지실 텐데 말입니다."

박팽년이 답답하다는 듯 물었다.

"전하께서 어떤 분이신가? 자신의 몸보다 백성들을 위하는 분이 아니신가? 초수리에 요양을 가면 그곳의 백성들에게 피해를 끼친다고 가지 않겠다고 하셨다네."

정인지의 말에 모두들 고개를 떨어뜨렸다.

"전하 같은 분은 세상에 또 없을 것입니다. 제가 두고두고 얘기하지만 정말 저는 그날 밤 일을 잊을 수 없습니다."

신숙주는 자신이 집현전에서 숙직을 섰던 오래전 밤을 떠올렸다.

"밤새 책을 읽다가 책상에 엎드려 잠이 들었습니다. 새벽에 눈을 떠 보니 황송하게도 전하의 겉옷이 덮어져 있는 것이 아니겠습니까? 자고 있는 제가 추울까 봐 전하께서 손수 옷을 벗어 주신 것입니다. 전하는 그때까지도 주무시지 않고 저희들을 걱정하셨던 것입니다. 그때 일을 생각하면 전하를 위해 목숨을 바쳐도 하나도 아깝지 않습니다."

신숙주는 눈시울이 벌게진 것을 감추려 자꾸만 눈을 비비댔다. 신숙주의 말을 들은 장영실은 충녕대군을 향해 씩 웃어 보였다. 충녕대군은 미소를 지으며 학사들의 얼굴을 한 명 한 명 쳐다보았다.

"저도 숙직할 때 재미있는 일이 있었지요."

이번에는 성삼문이 미소를 띠고 이야기를 시작했다.

"제가 밤이 깊도록 책을 읽고 있는데 전하를 모시는 내관이 자꾸 저를 살피러 오는 겁니다. 전하께서 제가 자는지 보고 오라고 했다면서요. 저는 더 열심히 책을 읽었지요. 그런데 새벽이 가까워질 무렵 내관이 또 저를 보러 오는 게 아니겠습니까?"

"아니, 그럼 그때까지 전하도 주무시지 않았다는 말씀입니까?"

박팽년이 놀라서 물었다.

"네. 저도 내관에게 전하께서 왜 주무시지 않느냐고 물었습니다. 그랬더니 내관이 저에게 은근히 짜증스러운 목소리로 '학사님이 잠드셔야 전하께서 주무시지 않겠습니까? 전하께서는 학사님이 잠드실 때까지 책을 놓지 않으실 겁니다.'라고 하는 것이 아닙니까? 그 말에 놀라 얼른 불을 끄고 잠을 청했답니다."

성삼문의 말에 집현전 학사들은 웃기도 하고 임금이 있는 대전 쪽을 향해 고개를 조아리기도 했다.

정인지가 두루마리를 펴 보이며 말했다.

"제가 전하의 명을 받아 훈민정음의 서문을 쓰고 있습니다. 한번 읽어 볼 테니 부족한 부분이 있는지 여러분들이 얘기를 해 주셨으면 좋겠습니다."

집현전 학사들은 정인지의 글을 듣기 위해 허리를 펴고 자세를 바르게 고쳐 앉았다.

> 우리 동방의 예악과 문물이 중국에 견줄 만하나 글자만은 같지 않으므로 글을 배우는 사람은 내용을 이해하는 데 어려움이 있어 걱정을 하고, 범죄를 다스리는 사람은 각자의 사연을 제대로 알지 못해 피로워하였다.
> 하지만 우리 전하께서 만드신 정음 28자는 간략하면서도 요령이 있고, 자세하면서도 쉽게 통할 수 있다. 그런 까닭에 지혜로운 사람은 아침나절이 되기 전에 이를 이해하고, 어리석은 사람도 열흘 만에 배울 수 있게 된다.

정인지의 글을 들은 신숙주와 성삼문, 박팽년은 매우 만족스러운 표정으로 고개를 끄덕였다.

"전하의 마음이 잘 드러나 있습니다. 백성들이 어려운 중국 글자 대신 우리에게 맞는 쉬운 글자를 배우게 하려는 마음 말입니다. 전하께서도 마음에 드실 것 같습니다."

신숙주의 말에 모두들 웃고 있을 때였다. 누군가 방문을 거칠게 열더니 터벅터벅 방 안으로 들어왔다. 몸보다 하얀 버선코가 훨씬 먼저 보일 정도로 급한 발걸음이었다.

그 발걸음의 주인은 최만리였다. 최만리는 모여 있는 학사들에게 다짜고짜 화부터 냈다.

"다들 정신이 있는 것입니까? 전하의 뜻을 막지는 못할망정 훈민정음에 대한 해설 책을 만들고 있다니요."

최만리의 큰소리에 성격 급한 박팽년이 벌떡 일어섰다.

"부제학 조선 시대의 벼슬 중 하나 영감은 왜 전하의 뜻을 모르시는 겁니까? 전하께서 손수 백성들을 위해 글자를 만드셨는데 감사해 하셔야지요."

박팽년의 말을 들은 최만리의 얼굴이 점점 더 붉어졌다. 마치 몸속의 피가 얼굴로 다 몰려들기라도 한 것 같았다.

"전하께서 마음대로 글자를 만드시다니요. 이런 일은 듣지도 보지도 못했습니다. 중국 글자를 버리고 우리 글자를 만들어 쓴다면 우리는 중국을 버리는 셈이 됩니다. 중국에서 좋아할 리가 있겠습니까? 중국 글자를 버리는 것은 오랑캐나 다름없습니다. 또, 어리석은 백성들이 글자를 익힌다고 달라지겠습니까? 전하께서 잘못된 길을 가고 계시면 바로 잡아 드려야 하는 것이 신하의 도리인 것입니다!"

최만리의 고함에 신숙주도 나섰다.

"전하의 뜻을 제대로 헤아려 드리는 것이 신하의 도리입니다. 훈민정음이 어떤 글자인지 알고나 반대하시는 겁니까?"

방 안이 말다툼으로 소란스러워지자 충녕대군과 장영실은 자신들의 정체가 들킬 것 같아 불안해졌다. 구석에 앉아 있는데도 더 구석진 곳으로 몸이 저절로 움직였다. 최만리가 화를 내고 나가 버리자 학사들은 다시 자리에 앉아 책을 폈다.

"우리가 전하의 편이 되어 드려야 합니다. 그러려면 더 열심히 훈민정음의 훌륭함을 알려야겠지요."

학사들은 마음을 가다듬고 책을 읽기 시작했다. 넓은 방에는 책장을 넘기는 소리만 들렸다. 모두의 마음속에는 훈민정음을 지키겠다는 각오가 가득 찼다.

"너희들은 따로 빼 놓은 책을 서고로 옮기거라. 꾸물대지 마라. 전하는 백성들을 위해 잠시도 쉬지 않으신다."

정인지는 충녕대군과 장영실에게 말했지만 마치 온 백성이 들으라고 하는 말 같았다. 충녕대군과 장영실은 책들을 보자기에 싸서 들고 나왔다. 장영실은 책 보따리를 낑낑거리며 들고 있는 충녕대군에게 손을 내밀었다.

"저하, 저에게 주십시오. 아무리 시간 여행을 왔다지만 어찌 저하께서 이런 일까지 하십니까?"

충녕대군은 책 보따리를 그대로 끌어안고 고개를 저었다.

"괜찮다. 책 보따리는 무거울수록 기분이 좋구나. 허허."

"저하께서 책을 좋아하시는 것은 타고나신 것 같습니다."

장영실은 웃으며 책 보따리를 수레에 실었다. 충녕대군은 시린 손을 비비며 장영실을 도왔다. 꽃샘바람이 궁궐 마당에 핀 매화 향기를 담고 두 사람의 코끝을 찌르며 지나갔다. 집현전 밖으로 나온 장영실이 말했다.

"저하가 왕위에 오르지 않으신다면 집현전 학사들이 제일 서운해할 것 같습니다. 마음껏 책을 읽고 공부하게 도와주며 먹을 것도 잘 챙겨 주는 왕이시지 않습니까?"

"그들은 그만한 대우를 받을 자격이 있겠지."

충녕대군은 한숨을 쉬며 집현전 학사들이 있는 곳을 자꾸만 돌아보았다. 어째서 같은 집현전 학사들끼리 큰 소리로 다투는지 알 수 없었다. 뭔가 마음 한구석이 무거워지는 것을 느꼈다.

두 사람이 막 수레를 끌고 책을 옮기려 할 때, 다시 한얼이 나타났다.

"저하, 집현전 학사들은 잘 만나 보셨습니까?"

충녕대군은 한얼을 보며 가만히 고개를 끄덕였다.

"저런 인재들을 모아 두는 것은 정말 좋은 생각인 것 같구나. 함께 학문을 연구하며 발전할 수 있겠어. 물론 내 뜻에 반대하는 이들도 있겠지만 말이다."

충녕대군은 잠시 깊은 생각에 빠졌고 장영실과 한얼은 그런 충녕대군을 기다려 주었다. 이내 세 사람 건너편으로 나인_{궁궐 안에서 왕가를 모시던 여자}들이 종종걸음으로 지나갔다. 집현전 학사들의 식사를 준비할 대령숙수_{궁궐에서 요리를 하던 남자 요리사}들의 모습도 보였다.

"자, 이제 우리는 어디로 가는 것이냐?"

충녕대군이 물었다.

"또 다른 미래로 떠나실 것입니다. 아까 이곳에 오셨을 때처럼 가만히 수레를 붙잡고 계시면 됩니다."

충녕대군은 궁을 한 번 둘러본 후 수레를 잡았다. 장영실도 준비가 되었다는 듯이 고개를 끄덕였다.

"한 번 해 봐서 그런지 이번에는 아까보다 좀 덜 무섭습니다."

장영실의 말에 충녕대군도 같은 마음이라며 웃었다. 이번에도 한얼이 손목에 찬 컴퓨터의 버튼을 눌렀다.

궁을 지나가던 나인들의 발걸음이 놀랍게 빨라졌다. 물건을 나르는 수레도 궁궐을 지키는 병사들도 나는 듯이 눈앞에서 휙휙 지나갔다. 궁궐 기와의 색깔과 모양도 춤을 추듯 빠르게 바뀌었다.

충녕대군과 장영실은 눈을 감았다. 두 사람은 벌써 시간 여행이 재미있어지기 시작했다.

세종의 꿈을 이루도록 도와준 집현전

집현전 학사들은 무슨 일을 했을까?

세종은 이름뿐이던 집현전을 자신의 계획을 실현시켜 줄 기관으로 만들기로 했어. 문관 가운데 학식이 깊은 사람을 집현전 학사로 뽑았어. 일단 집현전 학사로 뽑히면 공부를 게을리하지 않도록 하기 위해 정기적으로 시험을 치러야 했어. 학사들은 나이, 지위에 상관없이 집현전의 가장 우두머리인 대제학의 감독 아래 시를 지어 평가를 받았어.

또 경전과 역사책을 읽고 월말에는 그것에 대해 항상 시험을 보았지. 그리고 두세 명씩 돌아가며 날마다 강의까지 해야 했어. 백성들을 위한 책을 만들고 어려운 법과 문서를 백성들이 알기 쉽게 이두(한자의 음과 뜻을 빌려 우리말을 적는 일)로 번역하는 일도 하느라 다른 관리보다 더 일찍 출근하고 늦게 퇴근해야 했대. 세종이 집현전 학사들을 아낀 만큼 학사들의 책임감도 막중했겠지?

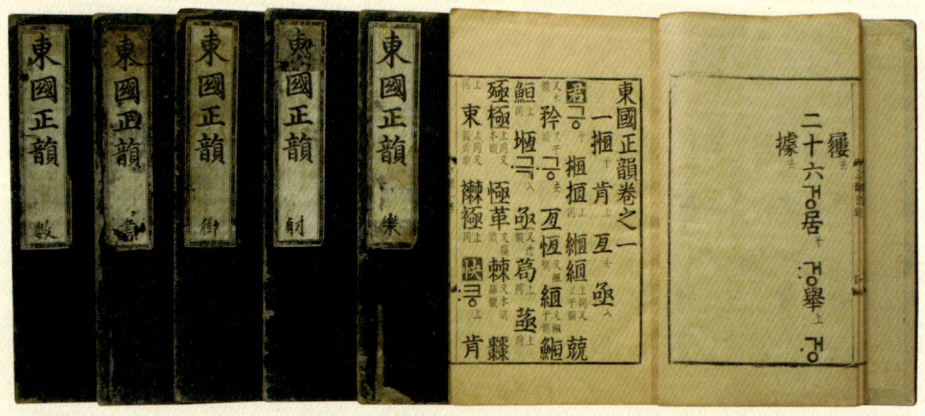

동국정운 당시 혼란스러웠던 우리나라의 한자음을 바로잡아 표준음을 정하려는 목적에서, 세종의 명으로 집현전 학사들이 편찬했다.

세종은 집현전 학사들과 어떻게 지냈나?

세종은 집현전 학사들이 많은 책을 볼 수 있게 해 주었고 휴가를 주어 마음껏 책을 읽을 수 있게도 해 주었어. 책 읽는 걸 좋아하는 사람이라면 집현전에서 일하는 게 정말 행복했겠어. 그래서 사람들은 집현전에 들어가는 것을 신선의 땅으로 들어가는 것이라고 할 정도였대.

하지만 세종과 집현전 학사들이 크게 다툰 적도 있었어. 세종이 궁궐 안에 절을 세우자 집현전 학사들이 크게 반대했지. 조선은 유교 국가였기 때문이야. 하지만 세종은 끝내 뜻을 굽히지 않았고 학사들은 집현전을 버리고 모두 떠나 버렸어.

텅 빈 집현전을 보고 세종은 황희를 불러 슬퍼하며 말했어.

"집현전 학사들이 모두 나를 버리고 가 버렸으니 어쩌면 좋으냐."

황희는 집현전 학사들의 집을 일일이 찾아가 달래서 다시 돌아오게 하였대.

경복궁 수정전 세종 때 집현전으로 사용하였고, 임진왜란 때 불에 타 버린 것을 고종 때 재건하면서 수정전이라고 이름 붙였다.

# 우리글을 쓰는 행복한 사람들

1700년대

장영실이 이제 눈을 떠 볼까 생각하고 있을 때 어디선가 한얼의 목소리가 아득하게 들려왔다.

"두 분이 이번에 가실 곳은 약 280년 후입니다. 많은 사람들이 저하께서 만드신 글자를 쓰고 있는 시대이지요. 두 분은 한양의 저잣거리에 있는 여자들의 장신구를 파는 가게에서 일하시게 될 겁니다."

한얼의 말이 끝나자마자 장영실은 눈을 번쩍 뜨며 말했다.

"우리가 상인이 된단 말인가? 아는 것도 없는데 어떻게?"

장영실은 눈이 휘둥그레져 주위를 둘러보았다.

"저하, 조선은 조선인데 조선이 아닌 것 같습니다."

"그게 무슨 말이냐?"

눈을 뜬 충녕대군은 고개를 갸우뚱거리며 지나가는 사람들을 쳐다보

앉다.

"여인네들 저고리 좀 보십시오. 방정맞게 위로 바짝 올라가지 않았습니까? 저 여인 좀 보십시오. 머리에 무거운 것을 돌돌 말아 올렸습니다. 가짜 머리 같은데 멋을 내려고 얹고 다니나 봅니다. 목이 부러지지 않으면 다행이겠네요."

장영실은 주위 사람들의 모습을 보며 잠시도 쉬지 않고 떠들어 댔다.

"남자들이 쓴 갓 좀 보거라. 갓이 어찌나 넓고 긴지 두 사람이 마주 보고 인사를 하면 서로 부딪치겠구나. 허허."

충녕대군도 맞장구를 치며 사람들 구경을 했다.

"이놈들! 거기서 놀고만 있지 말고 얼른 와서 일을 해야지. 배달할 물건들이 밀렸단 말이다."

두 사람은 담뱃대를 치며 부르는 가게 주인의 말에 어리둥절했다.

"우, 우리 말입니까?"

장영실이 더듬거리며 묻자 가게 주인은 수염을 쓰다듬으며 벌떡 일어섰다.

"그럼 여기 또 누가 있느냐? 새로 온 너희 두 녀석이지."

장영실은 그제야 자신과 충녕대군의 옷을 보았다. 어느새 두 사람 모두 평민의 옷을 입고 있었다.

"아이고, 저하께 말을 저렇게 함부로 하다니. 저 사람이 죽고 싶어 환장을 했구나."

장영실은 작은 목소리로 중얼거렸다.

"도령이 아까 말하지 않았느냐. 이 시대에서는 우리가 가게에서 일을

하는가 보구나."

충녕대군은 장영실의 소맷부리를 잡아끌며 가게 안으로 들어갔다. 가게 안은 여자들이 쓰는 물건으로 가득했다. 목걸이나 팔찌 같은 장신구부터 거울과 빗까지 웬만한 것은 다 있었다. 장영실은 물건을 정리할 생각은 하지 않고 이것저것 구경하고 만져 보느라 정신이 없었다.

"이보게, 윤 씨. 이것 좀 보게."

장신구 가게 옆에서 그릇을 파는 노인이 가게로 왔다.

"형님, 무슨 일인데 그렇게 표정이 좋으십니까?"

가게 주인은 얼른 노인에게 앉을 자리를 내어 주었다.

"경상도 시골로 시집간 막내딸한테서 편지가 왔다네. 시집간 지 4년이 넘도록 살았는지 죽었는지도 몰랐는데 이렇게 직접 편지를 보냈군. 글자 한 자 모르는 아이였는데 시집가서 배웠다는 거야."

노인은 몇 겹으로 접힌 편지를 펼쳐 보이며 자랑을 했다.

"아이를 가진 줄도 몰랐는데 벌써 사내 녀석을 낳았대. 백일이 지난지 얼마 안 됐는데 벌써 낯가림을 한다잖아."

하회탈처럼 주름진 노인의 얼굴에 웃음이 가득했다.

"막내딸 걱정하느라 눈물 바람 하시더니 이제 속이 다 시원하시겠소, 형님. 시집가서 글자를 배웠나 보지요?"

"응. 남편과 시어머니가 가르쳐 줬는데 금방 익혔다는군. 남편이랑 시댁 식구들이 좋은 사람들인가 봐. 친정 부모에게 편지 쓰라고 언문_{한글을 낮추어 이르는 말}도 가르쳐 주고 말이야."

노인은 막내딸 생각에 눈물을 글썽거렸다.

"세종대왕님 덕분에 세상이 정말 많이 좋아졌습니다. 우리 같은 사람들도 양반들처럼 편지를 써서 주고받으니 말입니다. 만약 아직도 한자밖에 없었으면 형님 같은 사람이 어떻게 멀리 사는 딸 소식을 들었겠소?"

"그러게 말이네."

노인은 눈물을 닦고 편지를 곱게 접어 조심스럽게 저고리 품에 넣었다. 종이가 닳아 너덜너덜해질 때까지 막내딸의 편지를 읽고 또 읽을 생각이었다.

"저는 할아버지 생각이 나네요. 글자를 몰라 억울하게 돌아가신 저희 할아버지요."

가게 주인은 옛 추억을 떠올리며 문밖 하늘을 올려다보았다. 충녕대군과 장영실은 옛날이야기를 들으러 화롯불 앞에 모인 아이들처럼 가게 주인의 곁에 다가와 앉았다.

"저희 할아버지는 양반들만 아는 한자를 모르셨어요. 그래서 마을 현감이 숲에 들어가지 말라고 써 놓은 글자를 읽지 못하고 숲에 들어가셨어요. 숲에서 나무를 하다가 붙잡혀서 곤장을 맞으셨지요. 결국 그 매질을 못 이겨 돌아가셨고요. 그때 할아버지가 글만 읽을 줄 아셨어도 그렇게 돌아가지 않으셨을 텐데……."

"그런 일이야 옛날에는 많았지. 우리 형님은 일곱 살 때 위험하니까 들어가지 말라고 쓴 한자를 읽지 못해 들어갔다가 늪에 빠져 죽었지."

두 사람의 이야기를 들은 충녕대군은 글자가 백성들에게 얼마나 소중한 것인지 다시 한 번 깨달았다. 글자를 안다는 것은 백성들에게 새로운 삶이 열린다는 것이었다.

"허어, 이 녀석들이 또 놀고 있구나. 어서 이것들을 아랫마을 김 씨네 집에 전해 주고 오너라. 마을 입구에서 바로 보이는 첫 집이니 쉽게 찾을 수 있을 것이다."

가게 주인은 거북의 등껍질로 모양을 새겨 넣은 경대거울을 버티어 세우고 그 아래에 서랍이 있게 만든 가구와 단단한 참나무로 만든 참빗을 건네주었다.

"여기에 뭐라고 쓰여 있네요?"

장영실이 경대의 아랫부분과 참빗을 번갈아 보며 물었다.

"너는 까막눈이냐? 사람 이름이지 않느냐. 연보금. 그 집 주인 양반이 병들어서 세상을 떠나기 전에 마지막으로 부인에게 이름을 새긴 선물을 하고 싶어 해. 그래서 경대와 참빗에 연보금이라고 부인 이름이 쓰여 있는 거야."

충녕대군과 장영실은 고개를 끄덕이며 경대와 빗을 조심스럽게 보자기에 담아 저잣거리 끝 골목까지 걸었다. 장영실은 처음 보는 것들은 하나도 놓치지 않으려고 걸으면서 계속 주위를 둘러보았다. 그러다 지나가는 사람과 부딪치는 일도 많았다.

"백성들에게 쉬운 글자가 꼭 필요하겠어요. 그렇죠? 저하."

"그래. 글자를 몰라 억울한 일을 당하는 백성들이 얼마나 많겠느냐? 어려운 한자 대신 쉽게 배울 수 있는 우리 글자가 꼭 있어야 한다."

"그럼 저하께서 왕위에 오르셔야겠는데요? 이렇게 돌아다니시지 말고요."

장영실이 곁눈질로 충녕대군의 눈치를 보며 말했다. 충녕대군은 아무런 대꾸 없이 걷기만 했다. 장영실은 눈빛만 보아도 충녕대군이 얼마나 많은 고민을 하고 있는지 알 것 같았다.

그때였다. 갑자기 뒤에서 달려온 누군가가 장영실에게 부딪치고 달아났다. 그 바람에 장영실은 휘청 넘어졌고 충녕대군이 얼른 짐을 받지 않았다면 경대가 깨질 뻔했다.

"저놈 잡아라! 저놈 잡아!"

육모 방망이_{여섯 모가 진 방망이}를 든 포졸들이 도망치는 남자를 쫓아갔다.

"이게 갑자기 무슨 일이야?"

넘어진 장영실은 손에 묻은 흙을 털어 내며 일어났다. 저잣거리의 사람들이 웅성거리며 한쪽 벽으로 모여들었다. 몰려든 사람들은 벽에 붙은 무언가를 읽고 있었다.

"뭐라고 쓰인 거요?"

충녕대군과 장영실이 까치발을 하고 보며 물었다.

"언문 투서 아니요? 아직도 언문을 읽지 못하는 사람이 있었나? 내가 읽어 줄 테니 잘 들어 보시오."

상투를 삐뚜름하게 튼 남자가 잔뜩 거드름을 피우며 말했다.

투서는 마을의 현감을 고발하는 내용이었다. 마을의 현감이 가뭄이 들어도 세금으로 엄청난 양의 곡식을 거두어 가며 집에서 키우는 소나 돼지 같은 가축까지 빼앗아 간다는 것이었다.

"이렇게 투서가 여러 군데 붙은 것을 보면 임금님 귀에도 들어갈 거야."

"암, 누군가는 듣고 임금님께 알리겠지. 그럼 현감은 혼쭐이 날걸? 이제 글을 쓸 줄 아는 백성들을 어리석다고 무시하면 안 되지."

사람들은 쑥덕거리다 포졸들이 다가오자 곧 흩어졌다. 포졸들은 벽에 붙은 투서를 손으로 잡아 뜯었다.

"한쪽에서는 열심히 붙이고 한쪽에서는 열심히 뜯고. 재미있는 광경이군."

장영실은 포졸들이 듣지 못하게 중얼거렸다. 모여 있던 사람들은 서로를 힐끔힐끔 쳐다보며 각자 길을 갔다. 충녕대군과 장영실은 다시 아랫마을로 발걸음을 옮겼다.

"현감은 백성들이 글자를 알아서 골치 아프겠는데요? 양반들은 백성들이 글을 읽고 쓸 줄 아는 것을 싫어하겠어요."

"지은 죄 없이 떳떳하다면 싫어할 이유가 있겠느냐."

충녕대군과 장영실이 어느새 마을 입구에 도착해 김 씨네 집에 들어가려는데 집 안에서 울음소리가 들렸다. 마당에서는 초상 치를 준비를 하느라 사람들이 분주했다.

"저하, 김 씨가 죽었나 봅니다. 아직 이 선물을 부인에게 전해 주지도 못했는데……."

충녕대군과 장영실은 손에 든 짐을 보았다. 충녕대군이 김 씨의 부인에게 선물을 전해 주자, 부인은 목 놓아 울었다. 부인이 울다가 지쳐 쓰러질 것 같아서 충녕대군과 장영실은 조마조마했다.

김 씨의 부인은 물건에 새겨진 자신의 이름을 더듬으며 말했다.

"이렇게 자상하고 좋은 분이셨는데. 너무 빨리 떠나셨습니다."

김 씨의 부인은 남편의 무덤에 같이 묻을 편지를 꺼내 들었다.

"원이 아버지 들어 보세요. 제가 당신께 편지를 썼습니다. 제 마음을 이렇게 글로 쓰니 이제 조금은 숨을 쉴 수 있을 것 같아요."

부인은 숨을 거둔 남편 옆에서 편지를 읽었다.

당신이 늘 나에게 말하기를 둘이 머리가 세도록 살다가 함께 죽자고 하시더니, 어찌하여 나를 두고 당신 먼저 가셨나요?

나와 자식들은 누구 말을 들으며 어떻게 살라고 다 던져 버리고 당신 먼저 가셨나요? 당신은 날 향해 마음을 어떻게 가졌으며 나는 당신 향해 마음을 어떻게 가졌던가요?

"여보, 남들도 우리같이 서로 어여삐 여겨 사랑할까요? 남들도 우리 같을까요?"라고 늘 말하였는데, 어찌 그런 일을 생각지 않고 나를 버리고 먼저 가시나요? 당신을 먼저 보내고는 난 살 힘이 없어요. 빨리 당신에게 가려 하니 나를 데려가세요.

당신을 향한 마음은 이승에서 잊을 수 없으며, 서러운 뜻이 끝이 없습니다. 내 마음은 어디에다 두고, 자식 데리고 당신을 그리워하며 어찌 살 수 있을까 생각합니다.

이렇게 마음을 담아 보내니 편지 보시고 내 꿈에 와서 말해 주세요. 꼭 꿈속에서 만날 수 있게 와 주세요.

김 씨 부인의 애절한 편지에 마당에 있던 사람들이 모두 눈물을 흘렸다. 평소 김 씨 부부를 잘 알던 사람들은 눈물을 닦으며 정말 사이가 좋은 부부였다고 마음 아파했다. 충녕대군도 편지를 듣는 동안 흐르는 눈물을 자꾸만 닦아 내었다.

"어찌 여인이 이리도 애절하고 솔직하게 글을 잘 쓴단 말이냐. 벼슬을 하는 사대부들의 글보다 훨씬 더 마음을 움직이는구나. 한자를 쓰면 저렇게 마음을 그대로 표현하기 어려울 거야."

충녕대군은 엎드려 우는 김 씨의 부인을 보며 말했다.

"양반들만 글을 잘 쓰는 게 아니랍니다. 신분이 낮은 백성들도 글만 알면 양반들보다 더 잘 쓰는 사람이 많을걸요?"

충녕대군과 장영실은 김 씨 부인의 서러운 울음소리를 뒤로 하고 가게로 돌아왔다. 가게에는 여자 두 명이 주인과 실랑이를 하고 있었다.

"글쎄, 금방 보고 갖다 드린다니까요. 지난번에 빌려 주신 구운몽은 벌써 다 읽었어요. 어찌나 재미있는지 밤새는 줄도 몰랐지 뭐예요? 호호호."

"그러게 말이야. 윤 씨, 새로 나온 언문 소설 좀 빌려 줘요. 여기 비녀 놓고 간다니까요."

여자들은 비녀를 내밀며 통사정을 했다.

"요즘 언문으로 쓴 소설이 인기가 많아 나도 구하기 힘들어. 며칠 뒤에나 와 봐요. 그때는 꼭 구해 놓을 테니."

주인은 은근슬쩍 비녀를 받아 챙겼다. 실망해서 돌아가는 여자들을 보며 주인은 고개를 절레절레 흔들었다.

"요즘 여인네들은 소설에 푹 빠져서 저렇게 비녀며 반지까지 팔아서 본다니깐. 그게 그렇게 재미있나? 덕분에 내 벌이가 쏠쏠하구먼."

주인은 비녀를 서랍 속에 넣었다.

"주인어른, 언문 소설이 무엇이길래 저분들이 저렇게 보고 싶어서 어쩔 줄 모르나요?"

"언문으로 쓰인 재미있는 이야기야. 요즘 집집마다 읽지 않는 사람들이 없어. 양반 댁 마님부터 노비들까지 읽는다지? 언문은 남녀노소 할 것 없이 다 읽을 수 있으니 말이야."

주인은 거울과 비녀, 목걸이를 다시 보기 좋게 늘어놓았다.

"이번에는 윗마을 정 씨네 집에 다녀오너라. 서랍장을 고쳐 달라고 했으니 수레를 끌고 가서 싣고 오면 된다."

주인은 윗마을 정 씨네 집이 어딘지 모르는 충녕대군과 장영실에게 다짜고짜 수레를 건네주었다. 장영실이 수레를 끌자 충녕대군이 얼른 뒤로 달려가 수레를 밀었다.

"저하, 힘드시니까 밀지 마세요. 다리 아프실 텐데 수레에 올라타시지요."

"아니다. 난 괜찮다. 여기에서는 우리 둘 다 가게에서 일하는 똑같은 처지가 아니냐."

"제 마음이 편하지 않습니다. 어서 타세요."

두 사람이 실랑이를 하고 있을 때 한얼이 나타났다.

"백성들의 모습을 잘 보셨습니까?"

"백성들이 글을 쓸 줄 알게 되어 아주 행복해하던데요? 편지도 보내고 투서도 쓰고."

장영실이 충녕대군보다 먼저 대답했다.

"자, 이제 또 다른 곳으로 떠나실 시간입니다."

한얼이 손목에 찬 컴퓨터를 만지기도 전에 장영실이 얼른 뛰어와 수레에 충녕대군을 앉혔다. 그리고 장영실도 그 옆에 나란히 앉아 눈을 감았다. 충녕대군이 여행 친구인 장영실의 손을 꼭 잡았다.

한글은 우수해

한글은 만든 사람과 만든 시기, 만든 목적이 알려져 있지. 실은 세상의 많은 글자들이 누가, 언제, 어떻게, 왜 만들었는지 알 수 없다고 해. 몇 해 전, 언어학 연구의 최고 학자들이 모여서 합리성, 과학성, 독창성을 기준으로 세계 모든 문자들의 순위를 매겼는데 한글이 당당히 1위를 차지했대.
그럼 많은 사람들이 칭찬을 아끼지 않는 한글이 왜 우수한지 알아볼까?

첫째로 한글은 아주 쉬워. 우리나라가 문맹률이 낮은 이유는 바로 한글이 배우기 쉬운 글자이기 때문이야.
또 한글은 단 24개 문자의 조합으로 모든 소리를 다 적을 수가 있어. 자연의 소리, 동물의 소리까지 자세하고도 다양하게 표현할 수가 있는 거야.
또한 한글은 세로쓰기와 가로쓰기에 모두 잘 맞아서 가로로 긴 간판이나 세로로 긴 간판도 쉽게 읽을 수 있어. 책장에 꽂혀 있는 책들을 한번 봐 봐. 길고 좁은 면에 한글이 세로쓰기로 되어 있어도 책을 잘 찾을 수 있지? 영어를 비롯한 많은 문자들은 길게 세로로 쓰면 알아보기 힘들어.
둘째로 한글은 ㄱ, ㄴ, ㄷ 같은 자음이 목구멍의 모습, 혀의 모습, 입술 모습 등 소리 나는 기관의 특징적 모습과 소리가 연결되는 체계적이고 과학적인 문자야. ㅏ, ㅗ, ㅣ 등과 같은 모음은 하늘과 땅, 사람을 상징하는 우주 만물의 뜻이 들어 있는 글자야.
그리고 무엇보다도 한글은 세종이 백성을 사랑하는 마음을 담아 우리의 민족의식을 위해 만들었다는 점에서 그 위대함을 알 수 있이.

조선어학회 사람들

1942년

"이번에 저희가 갈 곳은 경성입니다. 이때는 한양을 경성이라고 불렀지요. 아마 이곳에 가시면 깜짝 놀랄 일들이 많으실 겁니다. 말이 없어도 달리는 차가 있고, 멀리 떨어져 있는 사람과 이야기를 나눌 수 있는 전화기도 있지요. 두 분은 이 시대에 맞게 머리를 짧게 깎으신 상태일 테니 너무 놀라지 마십시오. 하지만 가장 놀라실 일은……."

한얼은 충녕대군에게 도착할 시대의 이야기를 하기 힘들었다. 나라와 백성을 위해 잠도 자지 않고 노력한 세종대왕에게 나라를 빼앗겼다는 말이 쉽게 나오지 않았다.

"새삼 놀랄 일이 무엇이냐? 괜찮다. 이야기해 보거라. 이렇게 시간여행을 하는 것보다 놀랄 일이 또 있겠느냐."

충녕대군의 말에도 한얼은 계속 망설이다 말을 이었다.

"지금은 일본, 즉 왜나라에 조선을 빼앗긴 시대입니다."

"뭐? 뭐라 했느냐?"

그때 갑자기 충녕대군의 몸이 휘청 흔들렸다. 한얼의 말에 놀랐기도 했지만 몸 전체가 흔들리는 것 같았다. 충녕대군이 잡고 있던 손잡이는 어느새 수레의 손잡이가 아니라 전차의 손잡이가 되어 있었다.

"세상에! 저하. 말도 없이 커다란 쇳덩이가 혼자서 움직이고 있습니다. 미래에는 이런 세상이 오는군요!"

전차 안에는 많은 사람들이 서 있었다. 흰 저고리에 까만색 치마를 입은 여학생, 하얀 두루마기에 까만색 구두를 신은 신사, 교복에 모자를 쓴 어린 남학생들도 있었다.

충녕대군은 마음이 어지럽고 속이 울렁거렸다. 어서 전차에서 내렸으면 좋겠다는 생각뿐이었다. 이윽고 전차가 서고 문이 열리자 한얼이 충녕대군의 손을 잡고 내렸다. 장영실도 뒤따라 함께 내렸다.

전차가 다시 출발하자 장영실은 전차의 창문이며 바퀴, 공중에 연결된 전선까지 빼놓지 않고 살펴보았다.

"말이 없다면 도대체 무슨 힘이 저 쇳덩이를 움직이는 겁니까?"

장영실은 한얼에게 물었지만 한얼은 충녕대군을 부축하느라 바빴다. 충녕대군은 배가 뒤틀리고 머리가 멍한 것이 처음 탄 전차 때문에 멀미가 나서인지, 나라를 빼앗겼다는 사실 때문인지 알 수 없었다.

"조선이 망한단 말이냐? 왜놈들에게?"

놀라서 묻는 충녕대군에게 한얼은 마치 자기 잘못인 듯 슬픈 표정으로 고개를 끄덕였다.

"네. 일본에게 말과 글을 비롯해 우리의 모든 것을 빼앗겨 버렸습니다. 여기서는 일본의 말과 글을 써야 한답니다."

충녕대군은 다시 다리에 힘이 빠져나가는 것을 느꼈다.

"믿을 수 없다. 도무지 믿을 수가 없어. 어째서 나라를 빼앗겼다는 말이냐!"

충녕대군은 길가의 긴 의자에 털썩 주저앉았다. 한참 숨을 고르고 나니 그제야 너무나 달라진 세상의 모습이 보였다. 그 많은 기와집과 초가집은 어디로 갔는지 아주 가끔씩만 보였다. 대신 네모난 건물들이 곳곳에 높이 서 있었다.

　여자들은 발목이 다 드러나 보이는 짧은 치마를 입고 있었고 남자들의 옷차림도 이상했다. '양복'이라 부르는 옷은 한복에 비해 품이 적어 몸에 달라붙어 있었다. 그리고 남자들이 머리도 대부분 매우 짧았다. 장영실도 자기 머리를 만져 보고는 깜짝 놀랐다.

　"저하, 걱정 마십시오. 비록 나라를 빼앗겼지만 그래도 우리의 말과 글을 지키려고 애쓰는 사람들이 많습니다. 저하께서 만나 보실 조선어학회 사람들처럼 말입니다. 여기에서 두 분은 조선어학회에 돈을 지원해 주는 이우식 선생님이 심부름을 보낸 사람들로 되어 있습니다."

　한얼은 조선어학회 사무실 앞으로 두 사람을 데리고 갔다. 그리고 충녕대군의 손에 황토색 봉투를 쥐어 주며 말했다.

"이것을 조선어학회 사람들에게 전해 주시면 됩니다."

한얼은 꾸벅 인사를 하고 뒤로 물러났다. 하지만 한얼은 충녕대군이 걱정되는지 자꾸만 뒤돌아보다 사람들 사이로 사라졌다.

"거기 앞에 비키시오, 비켜!"

인력거꾼의 외침에 장영실은 얼른 충녕대군을 붙잡아 뒤로 물러났다. 인력거 안에는 화려한 비단 치마를 입고 아얌_{겨울에 여자들이 외출할 때 춥지 않도록 머리에 쓰는 것}을 쓴 기생이 앉아 있었다.

"저것이 이 시대의 가마인가 봅니다."

장영실은 인력거와 기생을 번갈아 쳐다보았다.

"어서 가자. 우리말과 글을 지키려 애쓰는 사람들이 누구인지 꼭 만나 보고 싶구나."

조선어학회 사무실은 비좁고 어두컴컴했다. 책상에는 수많은 책들과 서류들이 가득 쌓여 있었다. 사람들이 책을 보는 것이 아니라 책 사이에 사람들이 끼어 있는 것 같았다.

"저, 이우식 선생님께서 보내셔서 왔습니다."

그때까지 고개를 책 속에 파묻고 있던 사람들이 동시에 고개를 들었다. 가까이에 있던 이극로가 일어서서 봉투를 받았다.

"선생님께 정말 감사하다고 전해 주게. 이 돈은 우리말 사전을 만드는 데 큰 도움이 될 걸세."

이극로는 충녕대군과 장영실이 앉을 수 있도록 의자를 내어 주었다. 충녕대군과 장영실은 서로 마주 보다 자리에 앉았다.

"여기 따끈따끈한 호떡이 왔습니다."

콧수염을 기른 한징이 호떡 꾸러미를 내밀었다.

"오늘도 저녁 식사는 호떡이군요."

조선어학회 회원들이 둘러앉아 호떡을 먹기 시작했다.

"자네들도 와서 함께 들게나."

충녕대군과 장영실은 한징이 내미는 호떡을 얼떨결에 받아 들었다. 달콤한 냄새에 끌려 호떡을 덥석 베어 문 장영실은 그만 소리를 지르며 입을 뗐다.

"호떡이 뜨거우니 조심하게."

최현배가 점잖은 목소리로 말했다.

"어서 빨리 우리말 사전을 펴내야겠습니다. 일본의 움직임이 심상치 않아요."

"그럽시다. 원고를 정리하는 중이니 이제 곧 나올 수 있겠지요."

한징의 말에 이극로가 고개를 끄덕이며 말했다.

최현배는 땅거미가 져 침침한 사무실을 둘러보았다.

"그동안 다들 고생 많았습니다. 추운 겨울에 난로도 제대로 때지 못하고 이렇게 호떡으로 끼니를 때워 가면서요. 이렇게 애쓴 지 벌써 13여 년의 세월이 흘렀군요."

동그란 안경을 쓴 이윤재의 말에 모두들 호떡을 보며 지난날을 떠올렸다.

"우리가 계속 호떡만 먹으며 사전을 만들어 호떡 사전이라고 별명을 붙이지 않았습니까? 정말 호떡은 질리도록 먹었습니다. 그나마 이 호떡

이 오늘 처음 식사이지만…….”

이극로의 말에 최현배도 한징도 껄껄 웃었다. 충녕대군은 사무실에 있는 사람들의 모습을 하나하나 천천히 살펴보았다.

해지고 닳은 초라한 무명옷과 양복은 그들이 얼마나 어려운 형편인지 말해 주었다.

'이 사람들이 내가 만든 글을 지키기 위해 노력하는 사람들이구나. 자신의 몸도 돌보지 않고 모든 것을 바치고 있는 사람들이야.'

충녕대군은 호떡만큼이나 마음이 따끈따끈해지는 것을 느꼈다.

"이제 시간이 늦었으니 집으로 돌아갑시다. 집에 있는 책들도 더 보아야 하니까요."

사무실 문을 닫고 나오자, 충녕대군과 장영실은 갈 데가 없다는 것을 깨달았다.

"도령이 어디 있을까요?"

장영실이 주위를 두리번거렸다.

"두 사람은 갈 곳이 없는가? 그럼 오늘 하루는 우리 집에서 묵게."

나이 지긋한 최현배는 충녕대군과 장영실을 자신의 집으로 데리고 갔다. 최현배의 집은 아담하고 깨끗했다.

최현배의 가족사진을 본 장영실은 사진을 가리키며 놀라워했다.

"저 그림 좀 보십시오. 어찌나 잘 그렸는지 저 속에 진짜 사람이 있는 것 같습니다."

장영실도 충녕대군도 입을 벌린 채 사진에서 눈을 떼지 못했다.

최현배의 책상에는 '한글이 목숨이다. 우리말과 글에 우리의 마음과 혼이 있다.'라고 쓰인 액자가 놓여 있었다.

"한글이라면 언문을 말씀하시는 겁니까?"

충녕대군이 궁금해서 물었다.

"예끼! 이런 한심한 사람 같으니. 아직도 한글을 언문이라 부른단 말인가? 예전에는 세종대왕께서 만드신 훈민정음을 언문이라고 불렀지. 그러나 그것은 훈민정음을 낮추어 부르는 말이야. 주시경 선생님께서 '크고 바른 하나뿐인 글'이라는 뜻으로 '한글'이라는 좋은 말을 만드셨네."

"아, 네. 그렇군요. 몰라서 죄송합니다."

충녕대군이 야단을 맞고 쩔쩔매는 모습을 본 장영실은 어처구니가 없어서 웃었다.

'이분이 바로 그 글자를 만들 분이신데…….'

"한글은 아주 쉬운 글자여서 누구나 금방 배울 수 있다네. 자네들도 우리 집에 있는 동안 금방 배워서 읽고 쓸 수 있을 거야. 당장 우리말 문법서를 가져와야겠군."

최현배가 벌떡 일어서자 충녕대군이 따라 일어서며 말렸다.

"제가 사정이 있어서 한글을 배우지 못했습니다. 하지만 걱정 마십시오. 곧 잘 알게 될 것입니다. 다만 오늘은 사정상 배울 수 없습니다."

충녕대군의 말에 최현배는 다시 자리에 앉았다.

"무슨 사연이 있는지는 모르겠으나 한글은 꼭 배워야 하네. 자네처럼 젊은 사람이 우리글을 몰라서야 되겠나? 우리글에는 우리의 정신과 혼이 들어 있어. 말과 글을 지키는 것이 나라를 지키는 것이네. 그것이 세종대왕께서 한글을 창제하신 목적이야."

　장영실은 최현배가 충녕대군을 타이르는 모습에 웃음이 터질 것 같아 입술을 깨물었다.

조선어학회와 주시경

조선어학회는 어떤 일을 했을까?

조선어학회는 1908년 '국어연구학회'라는 이름으로 맨 처음 만들어졌고 1931년에 '조선어학회'로 이름을 바꾸어 활동했어.

조선어학회는 일제 강점기 때 한글을 널리 알리고 가르치는 일에 힘썼어. 우리말 사전을 만들고 전국적으로 한글 강습회를 만들어서 조선어학회 회원들이 직접 한글을 가르쳤어.

또한 그 전까지 세로쓰기였던 우리글을 가로쓰기로 만드는 데 앞장섰고, 한문과 한글을 섞어 쓰던 것을 한글을 주로 쓰게 하는 운동을 하며 순한글 신문을 만들어 내기도 했어. 그리고 〈한글〉이라는 이름의 잡지를 발행하여 한글 맞춤법을 널리 알리는 데 힘썼지. 하지만 우리글을 지키고 널리 알리려는 운동을 하는 것을 일본이 가만뒀겠어? 1942년 9월부터 1943년 4월까지 회원 33명이 독립운동을 했다는 죄목으로 감옥에 끌려갔는데 이것이 조선어학회 사건이야.

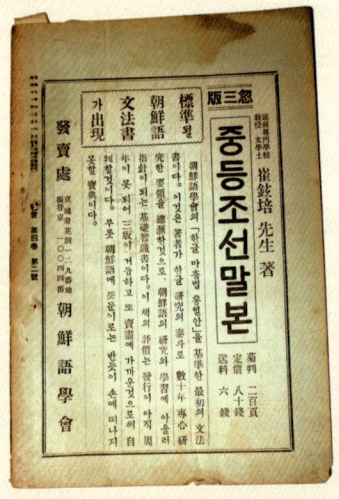
〈한글〉 잡지 뒷표지 외솔 최현배의 저서 《중등조선말본》 광고

〈한글〉 잡지 조선어학회에서 만든 창간호

'한글'이라는 이름을 만든 사람은 누구일까?

세종은 '훈민정음'이라는 이름을 우리글에 붙였지만 많은 사람들이 오랫동안 한글을 낮추어 '언문'이라고 불렀어. 국어학자이자 교육자인 주시경 선생님은 우리글을 아끼고 사랑하는 마음을 담아 '크고 바른 하나뿐인 글'이라는 뜻으로 한글이라는 이름을 붙였어.

주시경 선생님에 관한 재미있는 얘기를 하나 해 줄게.

선생님은 국어 강습소에 한글을 가르치러 다닐 때 항상 커다란 책 보따리를 가지고 다녔어. 보따리 안에는 학생들에게 가르칠 책과 한글 원고가 잔뜩 들어 있었대. 항상 불룩한 보따리를 들고 다니는 주시경 선생님을 보고 학생들은 "주보따리 오셨다, 주보따리." 하고 반가워했어. 그만큼 많은 학생들이 주시경 선생님을 친근하게 잘 따랐다는 말이겠지?

서울시 종로구의 한글학회가 있는 건물 앞에는 주시경 흉상이 있다.

〈한글〉 잡지 뒷표지 주시경에 의해 개척되었고 그 제자들이 완성한 『한글 마춤법 통일안』 광고

주시경은 역사와 지리까지 가르치며 아이들에게 자주 독립 정신을 일깨워 주었다고 해요.

 ## 우리말 사전 원고를 찾아라!

　다음 날, 아침상을 본 충녕대군과 장영실은 놀랐다. 있는 것이라고는 밥 반 공기에 김치와 간장, 나물 한 가지가 고작이었다.
　"나는 원래 이렇게 간단하게 먹는다네. 어서 먹고 또 사무실에 나가 봐야지."
　궁궐에서 상다리가 부러지게 차려진 밥상을 받던 충녕대군은 부끄러워졌다. 숟가락을 들었지만 밥이 잘 넘어가지 않았다. 충녕대군은 오물오물 잘 먹는 장영실이 부러웠다.
　세 사람이 식사를 마치고 조선어학회 사무실에 나가려고 준비를 하고 있을 때였다. 갑자기 낯선 사람들이 최현배의 집으로 들이닥쳤다.
　"당신이 최현배지? 당신을 독립운동한 죄로 체포한다."
　일본 경찰들은 최현배를 다짜고짜 끌고 갔다.
　"그분을 놔주시오, 도대체 그분이 무슨 죄를 졌다고 끌고 가는 겁니까?"

충녕대군과 장영실이 일본 경찰들의 앞을 막았다.

"너희들도 조선어학회 놈들이냐? 같이 끌고 가."

충녕대군과 장영실까지 일본 경찰에게 두 손이 묶인 채 질질 끌려가게 되었다.

"도령, 도령! 어디 있소? 우리를 구해 주시오."

장영실이 주위를 두리번거리며 소리쳤다.

"이 청년들은 나와는 아무 상관이 없으니 보내 주시오."

최현배가 항의했지만 일본 경찰들은 막무가내로 충녕대군과 장영실까지 경찰서로 끌고 갔다.

"최현배는 조선어학회의 핵심 인물이야. 따로 끌어내."

일본 경찰들은 충녕대군과 장영실을 유치장에 가두고 최현배를 작은 방으로 데려갔다.

"도대체 왜 이러는 겁니까?"

충녕대군이 화가 나 일본 경찰에게 따져 물었다. 장영실은 충녕대군이 해를 당할까 걱정되어 얼른 말렸다.

"몰라서 불어? 조선어학회 놈들이 조선말 사전을 만들고 있단 말이야! 조선말을 지키는 것은 우리 일본에게 대항하는 짓이야. 그러니 절대 가만둘 수 없다."

조사가 끝난 후 일본 경찰들은 충녕대군과 장영실이 조선어학회 회원이 아니라는 것을 알고 풀어 주었다.

"얼쩡거리지 말고 썩 꺼져!"

"최현배 선생을 만나야겠소. 그분은 어디에 계시오?"

충녕대군이 다시 경찰의 팔을 붙잡고 물었다. 마침 그때 최현배가 일본 경찰에게 질질 끌려 나오고 있었다.

최현배는 얼굴 곳곳에 멍이 들고 입술은 터져서 피가 흐르고 있었다. 온몸을 맞았는지 옷은 찢기고 성한 곳이 없었다.

"선생님, 이게 어찌된 일입니까?"

충녕대군과 장영실이 최현배에게 달려갔다.

"어서 빨리 모든 죄를 털어놓는 것이 좋아. 함경도로 끌려가면 무시무시한 고문을 받게 될 테니까. 이 정도로는 끝나지 않을걸?"

일본 경찰은 거들먹거리며 최현배에게 말했다.

"선생님, 이 일을 어찌합니까?"

충녕대군은 소매로 최현배의 얼굴에 흐르는 피를 닦아 주었다. 최현배는 숨을 몰아쉬며 충녕대군의 귀에 속삭였다.

"헉, 헉. 사무실에 숨겨 둔 사전 원고를 찾게. 무슨 일이 있어도 찾아서 지켜야 해. 내 목숨보다도 소중한 것이네."

"저리 비켜!"

일본 경찰이 충녕대군을 떠밀었다. 그 바람에 충녕대군이 땅바닥에 나뒹굴었다.

"이놈들아, 이분이 누군 줄 알고 이러는 게냐. 이 몹쓸 놈들!"

장영실이 달려들자 일본 경찰이 장영실의 멱살을 잡았다.

"그래, 이놈이 누군데?"

일본 경찰이 입꼬리를 올리며 비웃었다. 장영실은 그 얼굴에 있는 콧수염을 뽑아 버리고 싶었다.

"이, 이분은……. 귀한 분이시다."

장영실은 부들부들 떨면서도 차마 충녕대군의 신분을 밝힐 수 없었다. 더군다나 일본 경찰에게 사실대로 말해 봤자 상황이 더 나빠질 것 같았다.

"귀한 분? 푸하하. 귀해 봤자 조선놈이 아니냐? 나라도 없는 조선놈 말이다."

일본 경찰들이 웃으며 장영실을 충녕대군 쪽으로 밀어냈다.

"한글이 우리의 목숨이야. 반드시 지켜야 해. 알았지?"

최현배가 일본 경찰에게 끌려가면서도 남은 힘을 짜내 충녕대군에게 말했다.

"아직도 정신을 못 차렸어?"

일본 경찰이 윽박지르며 최현배의 배를 발로 세게 차자, 최현배가 뒤로 고꾸라졌다.

"선생님, 선생님!"

최현배는 유치장에 갇히고 충녕대군과 장영실은 경찰서 밖으로 내쳐졌다. 저만치서 한징과 이극로가 일본 경찰에게 잡혀서 끌려오는 것이 보였다.

"어제 우리한테 호떡을 주신 그 선생이 아닙니까?"

장영실이 금방 알아보고 충녕대군에게 말했다.

"나쁜 놈들! 조선어학회 사람들을 모조리 잡아들이고 있구나."

한징은 끌려오면서 맞았는지 얼굴이 부어 있었고 입가에는 피가 흘렀다.

"어서 조선어학회 사무실로 가야겠다. 최현배 선생이 사전 원고를 지키라고 했어. 서둘러 찾아보자."

충녕대군과 장영실은 약속이나 한 듯 정신없이 뛰기 시작했다. 충녕대군은 궁궐에서는 왕자로서의 체면 때문에 늘 행동이 조심스러웠지만 지금은 다른 사람들의 시선을 신경 쓸 겨를이 없었다.

자신이 만든 글자를 지키기 위해 후손들이 매를 맞고 감옥에 갇히고 있었다. 지금 가장 중요한 것은 목숨보다 더 소중하다는 사전 원고를 찾는 일이었다.

❁ ❁ ❁

사무실로 뛰어 들어간 충녕대군은 주저앉고 싶었다. 사무실은 누군가 뒤집어엎어서 엉망이 되어 있었다. 책상과 의자가 부서진 채 뒹굴고 있었으며 책들이 굴러다니고 서류들은 갈기갈기 찢어져 있었다.

"어서 빨리 사전 원고를 찾아보자. 한글을 읽지 못하니 이렇게 답답할 수가 없구나!"

충녕대군과 장영실은 어지러운 상황에서도 사전 원고를 찾느라 땀을 뻘뻘 흘렸다.

그때 문밖에서 사무실로 들어오는 사람들의 말소리가 들렸다.

"분명 모조리 다 잡아들였겠지?"

"네."

충녕대군과 장영실은 얼른 무너진 책장 사이로 쪼그려 숨었다.

"여기가 조선말을 연구하던 곳이군."

"네. 조선어학회에서는 조선말 맞춤법을 만들고 알리는 데 힘썼다고 합니다. 조선말을 정리하며 사전도 펴내려고 했고요."

일본 경찰들의 구둣발 소리가 점점 가까이 들리자 충녕대군과 장영실은 자신도 모르게 입을 틀어막고 숨을 참았다.

일본 경찰 한 명이 바닥에 흩어진 책을 한 권씩 들춰 보더니 다시 바닥에 던졌다. 책이 바닥에 탕 하고 떨어지는 소리에 장영실은 자신도 모르게 몸을 움찔했다.

"조선어학회 놈들이 다 잡히는 대로 함경도로 보내서 고문을 해야겠어. 모든 것을 다 털어놓지 않으면 못 견딜 정도로! 그다음엔 감옥에 넣어 버려야지. 참, 그 사전 원고는 어떻게 되었지? 그놈들이 목숨보다 더 아낀다고 들었는데 잘 빼돌렸겠지?"

사전 원고라는 말에 충녕대군과 장영실은 눈이 동그래져 서로를 마주 보았다.

"물론입니다. 경찰서에 잘 보관해 두었습니다. 그런데 재판의 증거 자료라서 법원으로 보내야 한다고 합니다."

"알겠다. 그럼 일단 원고를 경찰서에서 함흥 쪽으로 보내야겠군. 오늘 밤에 원고를 차에 실어 보내도록 해라."

일본 경찰들은 넘어진 의자를 뻥 차고는 뒤돌아 나갔다. 발소리가 사라지고 한참이 지나서야 충녕대군과 장영실은 숨어 있던 곳에서 조심스레 일어서 나왔다.

두 사람은 그동안 참았던 숨을 몰아쉬며 다리를 주물렀다.

"너도 분명히 들었느냐? 사전 원고를 밤에 옮긴다고 했다."

"네, 저하. 그럼 차에 실을 때 사전 원고를 훔쳐야겠습니다."

"그래. 이제 곧 해가 질 테니 경찰서로 가자."

충녕대군이 씩씩하게 앞장섰다. 경찰서까지 가면서 장영실은 걱정이 되었다. 아까 낮에 겪었던 일을 생각하니 사전 원고를 훔치다가 걸리면 큰일이 날 것 같았기 때문이었다. 충녕대군이 맞거나 감옥에 끌려갈 수도 있다는 생각이 들자 아찔해졌다.

'김 내관께 저하를 지키겠다고 약속했는데. 이러다가 저하가 다치기라도 하면 큰일이야.'

장영실은 걸음을 멈추고 충녕대군에게 말했다.

"저하. 다른 사람들한테 이 사실을 알리고 우리는 이만 물러나는 것이 좋겠습니다. 혹시라도 저하께서 다치실까 걱정이 되옵니다. 부디 옥체를 보존하시옵소서."

장영실의 말에 충녕대군은 버럭 화를 냈다.

"조선어학회 사람들이 다 잡혀갔는데 누구한테 알린단 말이냐? 너도 보지 않았느냐. 후손들이 내가 만든 글자를 지키기 위해 목숨을 던졌단 말이다. 매를 맞고 고문을 당하면서도 사전 원고만을 걱정했단 말이다!"

충녕대군의 부릅뜬 눈을 본 장영실은 말려 봤자 소용이 없다는 생각이 들었다.

"알겠습니다. 저하. 하지만 부디 몸조심하셔야 합니다. 다시 조선으로 돌아가야 한글을 만들 수 있지 않겠습니까?"

장영실은 충녕대군 뒤를 종종 걸음으로 쫓아가며 중얼거렸다.

"내가 조선으로 돌아가면 나라의 힘을 기를 것이다. 나라의 경계를 잘 지키고 누구도 우리 백성들을 괴롭히지 못하도록 할 것이다. 튼튼히 성을 쌓고 외적이 쳐들어오지 못하도록 할 것이다."

충녕대군은 씩씩거리며 주먹을 불끈 쥐었다.

"네. 저하. 조선 백성들을 괴롭히는 왜구들도 다 물리쳐 주세요. 그런데 이렇게 급할 때에 미래에서 온 도령은 어디에 있는 걸까요?"

장영실이 뒤를 돌아보며 살폈지만 한얼은 어디에도 보이지 않았다.

❀ ❀ ❀

밤이 깊어지자, 경찰서 앞에 군용 트럭 한 대가 섰다. 충녕대군과 장영실은 그 모습을 숨어서 지켜보고 있었다. 부릉부릉 큰 소리를 내는 쇳덩어리가 겁이 나긴 했지만 두 사람은 조심스럽게 다가갔다.

"이것은 전차보다 훨씬 작은 차인가 봅니다."

장영실은 새로운 것을 보면 호기심이 발동해서 무엇을 하는 중이었는지도 잊어버렸다. 잠시 뒤 운전사가 트럭 뒷문을 열어 놓은 때를 틈타 충녕대군과 장영실이 얼른 트럭에 올라탔다.

잠시 후 덜컹거리는 소리가 나며 트럭이 움직이기 시작했다. 트럭 뒷자리는 어두워서 아무것도 보이지 않았다.

"여기 어디에 사전 원고가 있을 텐데……."

충녕대군이 어둠 속에서 손으로 상자들을 더듬었다. 시간이 지나자 조금씩 어둠이 눈에 익었다.

"저하, 이렇게 봐서는 모르겠습니다. 보인다고 해도 우리는 한글도 읽지 못하지 않습니까?"

"그러게 말이다. 어떤 것이 사전 원고인지 알 수가 없구나. 이 상자들을 다 들고 도망칠 수도 없고."

차가 계속 흔들리자 충녕대군은 속이 울렁거리고 머리가 아파 왔다. 대군은 아픔을 참으려고 침을 꼴깍 삼켜 보았다.

"저하, 제가 왔습니다."

홀연히 어둠 속에서 한얼이 나타났다.

"아니, 도령. 언제 차에 타셨소? 방금 전까지도 못 봤는데?"

장영실이 놀라서 물었다.

"잘 왔다. 도령은 한글을 알고 있지? 어서 사전 원고를 찾아보거라. 사전 원고를 지켜야 한다."

충녕대군은 한얼에게 다그치듯이 말했다.

"저하, 이제 다른 곳으로 떠나야 할 시간입니다."

한얼이 두 손을 모으고 공손하게 말했다.

"안 된다. 사전 원고를 두고 갈 수는 없다."

충녕대군은 가까이에 있는 상자를 무작정 끌어안았다.

"최현배 선생이 목숨보다 귀한 것이라며 지키라고 했단 말이다. 조선어학회 사람들이 긴 시간 동안 배고픔과 추위와 싸우면서 만든 우리말 사전이다."

충녕대군의 목소리가 조금씩 떨렸다. 마음속 깊은 곳부터 조선어학회

사람들에 대한 마음이 복받쳐 올랐다.

"저하. 사전 원고는 조선이 독립한 후에 찾게 됩니다. 서울역 창고에서 기적처럼 발견되지요. 결국 사전으로 만들어져 누구나 볼 수 있게 되니 걱정 마십시오."

한얼이 달래듯 말하자 충녕대군의 얼굴이 환해졌다.

"정말이냐? 사전 원고를 찾는단 말이냐? 독립이라면 나라를 다시 찾는다는 뜻이냐?"

충녕대군은 기쁨에 겨워 질문을 마구 쏟아 냈고 한얼은 힘차게 고개를 끄덕였다. 충녕대군과 장영실은 서로 얼싸안고 웃었다. 앞자리에 트럭 운전사가 있다는 사실은 까맣게 잊었다.

"그럼, 아까 잡혀간 조선어학회 사람들도 모두 무사히 풀려나는 것이냐?"

활짝 웃던 한얼의 입꼬리가 내려갔다. 한얼의 얼굴에 웃음 대신 슬픔

이 보이자 두 사람도 웃음을 뚝 멈추었다.

"도령, 말을 해 보시오. 우리에게 호떡을 주던 한징 선생님과 최현배 선생님들은 어떻게 되는 것이오?"

장영실이 한얼의 어깨를 흔들며 물었다.

"최현배, 이극로 선생님은 모진 고문을 당하고 몇 년 동안 감옥살이를 하십니다. 그리고 해방이 되자 감옥에서 풀려나시지요. 하지만 한징, 이윤재 선생님은……. 모진 고문을 이기지 못하고 감옥에서 세상을 떠나십니다."

충녕대군은 한얼의 말에 힘없이 상자에 기대었다.

"그렇게 사람들이 죽어 갔구나. 내가 만든 글자를 지키려고 목숨을 바쳤어. 어째서 이런 일이 일어났단 말이냐. 어째서……."

충녕대군이 울먹거렸다.

"어제 봤던 그 선생님들이……. 정말 죽는다는 말이오? 그 좁고 어두운 방에서 자신의 것을 다 버리고 한글을 지켰던 사람들이 고통 속에서 죽는다는 말이오?"

장영실은 어린아이처럼 울기 시작했다.

"원통하오, 정말 원통하오."

장영실은 자기 가슴을 주먹으로 탕탕 치며 울었다.

"울지 말거라. 운다고 무엇이 바뀌겠느냐."

장영실을 나무라는 충녕대군의 얼굴에도 눈물이 주르륵 흘러내렸다.

"진정하십시오, 저하. 그만큼 저하께서 만드신 한글이 소중하다는 뜻입니다. 후손들에게는 목숨을 버려도 아깝지 않을 만큼 중요한 것이었습니다."

한얼이도 장영실과 충녕대군을 따라 울음보를 터뜨리고 말았다.

그때 갑자기 트럭이 멈춰 섰다. 운전사가 뚜벅뚜벅 트럭 뒤쪽으로 걸어왔다.

한얼이는 눈물을 닦을 새도 없이 얼른 컴퓨터의 버튼을 눌렀다.

"분명 말소리가 난 것 같은데……."

운전사가 문을 열었을 때에는 밝은 빛이 나타났다가 없어지는 것만 보였다.

세종과 과학

세종 때 조선의 과학은 얼마나 발전했을까?

혼천의
천체(지구 밖 우주 공간에 있는 모든 것)의 움직임과 위치를 재는 천문 시계의 역할을 한 기구. 세종 15년 이천과 장영실의 감독 아래에 제작되었어.

만 원권 뒷면에 혼천의의 모습을 볼 수 있다.

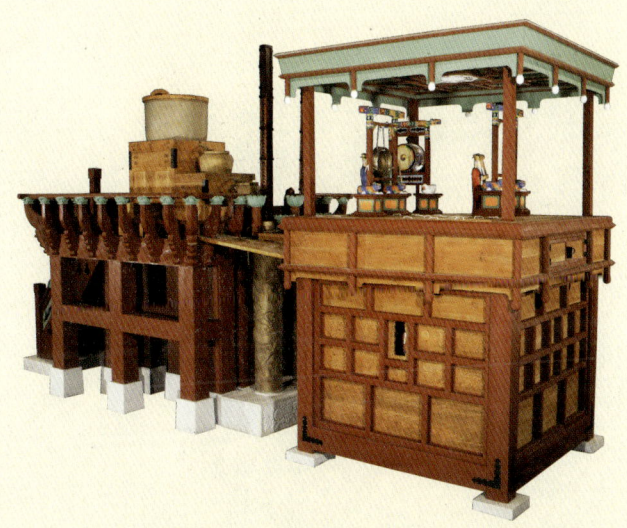

자격루
시간이 되면 물의 힘으로 기계를 움직여 저절로 시간을 알려 주는 자동 물시계. 인형이 종과 북을 쳐서 그 시간을 알리도록 했어. 세종의 명령으로 이천, 장영실, 김조 등이 만들었어.

자격루(복원) 백성들에게 정확한 시간을 알려 주는 것은 조선 시대 왕의 임무 중 하나였다. 세종 때에 '스스로 치는 시계'라는 뜻인 자격루를 제작하였다.

측우기

비가 내린 양을 재는 기구로 세계 최초로 만들어져 쓰였어. 흔히 장영실이 만들었다고 알려져 있는데, 문종이 세자였을 때 아이디어를 내 만들었을 가능성이 높다고 해.

세종 때의 측우기는 현재 전해지지 않는다. 위의 사진은 정조 때 측우기를 올려놓았던 큰 돌만 전해진 것이다.

앙부일구

세종 때 장영실, 이천, 김조 등에 의해 처음 만들어진 해시계로 글을 모르는 백성을 위해 12지신 그림으로 시간을 알게 했어.

오목한 가마솥 모양에 네 발이 있는 우아한 모양으로 예술품으로도 손색없다.

네가 도와주어서 내 이렇게 과학에도 많은 업적을 이루었구나.

저하께서 저를 아껴 주셔서 모두 할 수 있었던 일입니다.

신기전

고려 시대의 최무선이 만든 화학 무기를 발전시켜 세종 때 만든 로켓 추진 화살이야. 화차를 통해 발사하면 불을 뿜으며 날아가도록 되어 있어 당시 무서운 신무기였어.

신기전 화차 화차는 문종 때 처음 제작되었다. 신기전을 한데 모아 불을 붙이면 한꺼번에 최대 100발까지 발사되었다.

커다란 세종대왕과 종이 위 세종대왕

2015년

장영실이 울음을 그치고 충녕대군도 눈물을 닦았다. 어둠이 빛으로 변해서 두 사람의 얼굴에 쏟아졌다. 두 사람은 눈이 부셔 눈을 가늘게 떴다 감기를 반복했다.

"여기는 저하께서 계시던 곳보다 약 6백 년 정도 지난 시대입니다. 여기서는 조선을 대한민국, 한양을 서울이라고 부르지요."

방금까지 흔들리는 트럭 뒷자리에 앉아 있던 충녕대군과 장영실은 지하철 안에 앉아 있었다. 장영실은 눈이 휘둥그레져 벌떡 일어났다. 그리고 지하철 손잡이를 잡아당겨 보고 빠르게 지나가는 밖의 풍경을 내다보았다.

"이것도 전차요? 땅속으로 다니는 전차인가 보네."

장영실이 지하철 안을 왔다 갔다 하며 호들갑을 떨었다. 맞은편에 앉은 사람들이 장영실을 힐끔 쳐다보았다. 어떤 사람들은 휴대폰을 꺼내 이어폰을 꽂으며 모른 척하기도 했다.

지하철 창문 밖으로 반대쪽 차선의 지하철이 지나갔다.

"우와! 저 안에 사람들이 가득 타고 있는 것 좀 보십시오. 저렇게 빨리 지나가는데 무섭지도 않은가 봅니다."

장영실은 창문에 얼굴을 바짝 붙이고 손가락으로 가리키며 반대편 지하철을 정신없이 바라보았다. 충녕대군도 장영실의 호들갑에 나란히 뒤를 돌아 반대편으로 지나가는 지하철을 보며 깜짝 놀랐다. 점점 충녕대군과 장영실을 쳐다보는 사람들이 많아졌다.

내릴 역을 알리는 안내 방송이 나왔다.

"거기 누구요? 나한테 하는 말이오?"

"저 여인은 왜 저렇게 큰 소리로 말하는 건가? 여기가 어디인지 어떻게 알고 있는 거지?"

충녕대군과 장영실은 두리번거리며 목소리의 주인공을 찾으려고 애썼다. 한얼은 그런 두 사람의 모습을 보고 웃으며 말했다.

"저를 따라 내리십시오."

충녕대군은 어린아이처럼 한얼의 뒤를 졸졸 따라갔다. 지하철에서 내리자마자 수많은 사람들이 우르르 밀려들며 서로 부딪쳤다.

"아이고, 아이고. 저하, 저도 데려가십시오."

장영실은 사람들에게 밀려 자꾸만 뒤처졌다. 충녕대군도 한얼이 잡아 주지 않았다면 사람들에게 밀려 내렸던 지하철을 다시 탈 뻔했다.

두 사람은 한얼이 시키는 대로 지하철 개찰구에 카드를 찍고 나왔다.

"도령, 나 이거 기념으로 가져도 될까요?"

주머니에 슬그머니 지하철 카드를 집어넣으며 장영실이 물었다.

"갖고 계셔도 되는데 어차피 조선으로 돌아가면 사라질 것입니다. 미래에서는 아무것도 가져가실 수 없거든요."

실망한 장영실은 입을 내민 채 지하철 카드를 한얼에게 건네주었다. 한얼을 따라 광화문역의 출구로 나오자 넓게 트인 길이 한눈에 들어왔다. 몇 발짝 걷자마자 눈앞에 거대한 동상이 보였다.

"우와, 저 커다란 사람은 누구예요?"

장영실이 놀라며 앞으로 달려 나갔다.

한얼은 활짝 웃으며 충녕대군의 손을 잡아끌었다.

"보십시오. 세종대왕, 즉 저하의 동상입니다. 후손들이 가장 존경하는 분이기 때문에 서울의 한가운데에 저렇게 큰 동상으로 세운 것이지요."

충녕대군은 입만 벌린 채 말을 잇지 못했다. 가슴속에서 꽉 차올라 오는 무엇이 목구멍을 막아 버린 것 같았다.

"우와, 저하. 후손들이 저하를 엄청나게 좋아하나 봅니다."

장영실은 후다닥 세종대왕 동상 앞으로 달려갔다. 충녕대군은 홀린 듯 동상 앞으로 끌려갔다.

"저, 정말 저것이 나를 기념하여 만든 것이냐?"

충녕대군은 고개가 아픈 줄도 모르고 한참을 올려다보았다. 세종대왕 동상 뒤에는 멀리 경복궁이 보였다.

머리카락 색이 노랗거나 얼굴이 까만 외국인들이 몰려와 세종대왕 동

상 앞에서 사진을 찍고 있었다.

"저하, 저 사람들은 다른 나라 사람들인 것 같아요. 저하는 다른 나라 사람들한테도 인기가 좋은데요?"

장영실은 세종대왕 동상이 자신의 동상이라도 되는 것처럼 우쭐해졌다.

'내가 이렇게 후손들에게 사랑을 받는 왕이 되다니. 내가 이렇게 큰 복을 누리다니.'

충녕대군은 커다란 자신의 동상을 보며 눈물을 글썽거렸다.

"저기 우리가 만날 아이들이 있습니다."

한얼은 동상 앞에 서 있는 쌍둥이인 여자아이와 남자아이를 향해 걸어갔다. 둘은 서로 음료수를 더 마시겠다고 음료수 병을 잡아당기고 있었다.

"애들아, 안녕? 난 한얼이라고 해. 너는 은결이고, 네가 진결이지?"

아이들은 깜짝 놀라 한얼이를 쳐다보았다.

"어떻게 우리 이름을 알아?"

은결이가 야무지게 묶은 머리를 갸우뚱거리며 물었다.

"나는 지금으로부터 약 2백 년 후의 미래에서 왔어. 너희들은 믿기 힘들겠지만 말이야. 더 믿기 힘든 이야기도 있는데, 저기 세종대왕님과 장영실님을 모셔 왔어. 그런데……. 너희들 표정을 보니 나를 미쳤다고 생각하는구나?"

한얼이는 놀라는 아이들에게 웃으며 말했다.

"지금까지 두 분을 모시고 시간 여행을 했는데 여기서만 우리의 정체를 밝히는 거야. 아이들이라면 내 말을 믿어 줄 것 같아서.”

한얼이의 말에 은결이와 진결이는 충녕대군과 장영실을 번갈아 쳐다보았다.

“우리와 똑같은 옷을 입고 있는데 세종대왕이라고? 임금이 입는 곤룡포도 입지 않았잖아.”

은결이가 아는 체를 했다.

“사람들 눈에 띄지 않으려고 그런 거야. 조선 시대 옷을 입고 나타나면 너희들은 드라마를 찍는 줄 알았을걸. 좋아. 믿지 않으니까 너희들만 알고 있는 비밀 얘기를 해 볼게. 그럼 믿을 거지?”

은결이와 진결이는 비밀이라는 말에 서로를 쳐다보고 한얼이 앞으로 바짝 다가갔다.

“진결이 너는 오늘 영어 시험에서 한글 맞춤법 때문에 한 문제를 틀렸어. ‘왼쪽’을 ‘왠쪽’으로 쓸까, ‘웬쪽’으로 쓸까 고민하다가 틀렸잖아.”

진결이는 한얼이의 말을 듣고 깜짝 놀라 눈이 동그래졌다.

“어떻게 알았지? 아직 아무한테도 얘기 안 했는데.”

“진결이 너 진짜 왼쪽을 쓸 줄 몰라서 틀렸어? 영어보다 한글을 모르면 어떡해? 세종대왕께서 슬퍼하시겠다.”

은결이의 말에 주위를 두리번거리고 있던 충녕대군이 다가왔다. 은결이는 겁이 나 뒤로 물러섰다.

“은결이 너는 오늘 아침에 진결이네 반 교실로 가서 진결이 가방에 체육복을 넣어 주었지?”

“진결이가 깜박 잊고 안 가져갔거든. 근데 정말 어떻게 알았어? 진결이도 모르고 있을 텐데."

"어, 정말이야?"

진결이는 은결이에게 슬쩍 음료수를 양보했다. 한얼이는 아이들에게 손목에 찬 컴퓨터를 보여 주었다.

"이것으로 과거의 모습을 볼 수 있어. 너희들에게만 살짝 보여 줄게."

아이들은 시계처럼 보이는 컴퓨터 앞으로 바짝 붙어 고개를 맞대고 바라보았다. 은결이의 손등 위로 밝은 빛이 쏟아지며 낮에 있었던 일이 입체 영상으로 나타났다.

"진짜네. 미래에서 온 게 맞나 봐. 그럼 저분이 정말로 세종대왕이란 말이야? 내가 제일 좋아하는 세종대왕?"

은결이가 아까와는 다른 반가운 표정으로 다가와 인사했다.

"만나 뵙게 되어 영광입니다. 제가 세상에서 가장 존경하는 분이 세종대왕님이에요."

"나도 반갑다. 내가 죽은 후 그렇게 불리는 것 같은데, 지금은 아직 충녕대군이란다."

충녕대군은 은결이에게 활짝 웃어 주었다.

"저뿐만 아니라 우리나라 사람들이 가장 존경하는 분이 세종대왕님이에요. 이렇게 만 원짜리 돈에도 세종대왕님이 있어요. 우리나라 사람들은 모두 세종대왕님을 가지고 다니는 셈이죠."

은결이는 목걸이 지갑에 들어 있는 만 원짜리 지폐를 꺼내어 보여 주었다.

"와, 저하의 얼굴이 돈에도 있네요."

장영실은 신기해하며 만 원짜리 지폐를 만지작거렸다.

"종이로 돈을 만드니까 좋네요. 소리도 안 나고 가볍고요."

장영실의 말에 충녕대군도 고개를 끄덕거리며 만 원짜리 지폐를 이리저리 살펴보았다.

"저는 장영실 아저씨를 좋아해요. 책은 잘 안 읽는데 아저씨 위인전은 몇 번이나 다시 읽었어요. 만 원짜리 지폐에서 뒷면에 있는 게 혼천의인데요, 장영실 아저씨가 만들었어요."

진결이는 장영실에게 달려가 덥석 안겼다. 장영실은 놀라 뒷걸음질치며 뒤로 밀려났다.

"얘들아, 내가 돌아올 때까지 두 분과 함께 있어 줄래? 두 분이 얼마나 대단한 분이었는지 너희가 알려 드렸으면 좋겠어."

"좋아, 걱정 마. 우리가 함께 있을게."

진결이와 은결이는 어느새 서로의 손을 꼭 잡고 있었다.

"통화가 길어져서 미안해. 이제 집에 갈까?"

은결이와 진결이의 엄마가 가까이 다가왔다.

"엄마, 저희가 아는 분들을 만났어요. 음, 그러니까……. 두 분은 저희 학교 선생님이세요. 저희는 선생님들과 같이 구경을 좀 더 하고 싶어요."

은결이가 진결이의 어깨를 툭 치며 둘러댔다.

"그래. 몇 반 선생님이신데? 학교에 이렇게 젊은 남자 선생님들이 계셨니?"

엄마가 고개를 갸우뚱하며 물어보자 진결이가 다가와서 속삭였다.

"엄마, 사실은 이분이 세종대왕님이야. 한글을 만드신 세종대왕 말이야."

진결이의 말에 엄마는 가볍게 진결이를 쥐어박으며 말했다.

"저분이 세종대왕이면 나는 오만 원짜리 지폐에 있는 신사임당이다."

"이 선생님은 한글을 사랑하셔서 별명이 세종대왕이세요. 그렇지, 진결아?"

은결이가 다시 진결이의 어깨를 치며 말했다.

은결이는 충녕대군과 장영실을 잡아당기며 사진을 찍자고 했다. 네 사람이 세종대왕 동상 앞에 나란히 서고 아이들의 엄마가 휴대폰으로 사진을 찍었다.

"어? 그런데 왜 사진에 선생님들은 안 나왔지? 다시 찍을까?"

엄마가 휴대폰을 이리저리 눌러 보며 중얼거렸다. 은결이와 진결이는 서로를 쳐다보다 다시 충녕대군과 장영실을 보고 고개를 흔들었다.

"엄마, 그냥 사진 찍지 말아요. 이곳 지하에 '세종이야기'라고 박물관 같은 곳이 있던데 우리 거기 구경하러 갈래요."

"진결아, 경복궁이랑 고궁박물관을 구경하느라 다리 아픈데 거기까지 갈 거야?"

"엄마, 여기까지 왔는데 보고 가요. 엄마는 안에서 앉아 계시면 되잖아요."

은결이까지 조르자 엄마는 하는 수 없이 허벅지를 두드리며 아이들을 따라갔다.

세종대왕 동상 뒤편에 있는 계단으로 내려가자 '세종이야기'가 나왔다. 엄마는 들어가자마자 의자를 찾아 앉았다.

"너희들은 선생님이랑 구경하고 와."

은결이와 진결이는 위인전에서만 보던 세종대왕과 장영실과 함께할 수 있다는 기쁨에 두 사람의 손을 잡아끌었다.

지하에 있는 '세종이야기'는 세종대왕의 여러 업적을 소개해 놓은 작은 박물관 같은 곳이었다. 입구에 들어서자 어좌임금이 앉는 자리가 놓여 있고 외국인들이 앉아서 사진을 찍고 있었다.

"저기 좀 보세요. 세종대왕님의 명령으로 장영실 아저씨가 만든 것들이에요."

진결이가 앙부일구와 혼천의, 자격루 그림을 하나하나 가리키며 신나게 설명했다.

"앙부일구는 해시계고요, 자격루는 물시계예요. 혼천의는 별을 관측하는 장치이고요. 이것들을 모두 장영실 아저씨가 만드셨어요. 시간을 정확히 아는 것이 농사를 짓는 백성들에게 매우 중요하다는 것을 세종대왕께서 알고 계셨거든요."

"정말 내가 이것들을 모두 만들었다고?"

장영실은 진결이가 가리킨 그림들을 보며 천천히 발걸음을 옮겼다.

"이것뿐만이 아니에요. 시간을 알려 주는 흠경각루와 인쇄술을 발달시킨 갑인자도 만드셨다니까요."

과학자가 꿈인 진결이는 계속해서 설명했다.

"노비인 내가 어떻게 이런 것들을 만들었단 말이냐?"

"세종대왕님 덕분이에요. 장영실 아저씨께 벼슬도 내려 주셨답니다."

은결이의 말에 장영실은 놀라 충녕대군 앞에 엎드렸다. 은결이와 진결이는 누가 볼까 주위를 두리번거리며 얼른 장영실을 일으켰다.

네 사람은 함께 화약 무기인 신기전을 보고 훈민정음 해례본 구경도 했다. 세종대왕이 박연을 시켜서 만든 편경을 비롯한 여러 악기들을 보며 아이들은 놀라워했다.

"와, 세종대왕님은 악기의 음이 조금만 틀려도 금방 아셨대요. 못하는 것이 없으셔서 음악, 언어, 과학 분야에서도 천재셨네요. 백성들을 사랑하고 노비와 죄수들까지 불쌍히 여긴 임금이셨대요. 사람이 어떻게 이렇게 모든 걸 다 잘 할 수 있을까요? 완벽한 사람은 없다고 하는데."

은결이의 감탄은 끝이 없었다.

"여기 보세요. 어진 임금이 발탁한 충신이라고 쓰여 있어요. 맨 앞에 장영실 아저씨가 있어요."

장영실은 진결이의 손에 이끌려 자신의 모습이 있는 그림과 설명이 쓰여 있는 곳으로 갔다.

"저하, 이것 좀 보십시오. 천한 노비인 제가 저하의 신하들 중 가장 앞에 있습니다. 눈으로 보면서도 믿기지 않습니다."

장영실은 손으로 자신의 그림을 더듬으며 눈물을 흘렸다.

"그만큼 훌륭한 일을 많이 했다지 않느냐. 나랏일에 노비와 양반을 나누는 게 무슨 소용이 있겠느냐. 결국 미래에는 양반도 노비도 없는 세상이 오지 않느냐."

충녕대군이 장영실의 등을 따뜻하게 두드려 주었다.

세종대왕과 함께한 저녁 식사

"얘들아, 다 봤니? 이제 가야지."

아이들 엄마가 가방을 고쳐 메고 다가왔다. 진결이의 배에서 꼬르륵 소리가 나서 모두들 웃었다.

"엄마, 배고파요. 우리 근처에서 저녁 먹고 가요. 선생님들이랑 같이요."

은결이가 충녕대군의 팔짱을 끼며 진결이에게 눈짓을 했다. 진결이도 얼른 장영실의 손을 잡았다.

"선, 선생님들이랑 같이? 그건 좀······."

엄마가 충녕대군과 장영실의 눈치를 보며 말을 얼버무리자, 아이들이 먼저 두 사람을 데리고 밖으로 나갔다.

"우리 엘리베이터를 타고 가요."

작은 엘리베이터 안에 다섯 명이 들어서자 꽉 찼다. 엘리베이터가 움직이기 시작하자 충녕대군과 장영실은 다리를 후들후들 떨며 손잡이를 잡았다.

"아이고, 이 작은 방이 저절로 움직이는 것이냐?"

"어지럽습니다. 답답해서 숨이 막히려고 하옵니다."

충녕대군은 손잡이를 꽉 잡은 채로 주저앉았고 장영실은 일어났다 앉았다 하며 어쩔 줄 몰랐다. 그런 모습을 보고 은결이와 진결이는 웃음을 터뜨렸다. 아이들 엄마는 팔짱을 끼고 놀란 눈으로 충녕대군과 장영실을 보았다.

횡단보도를 건너 골목으로 들어간 일행은 고깃집으로 갔다.

"세종대왕님, 아니 참, 선생님. 고기 좋아하시죠? 고기가 없으면 식사를 못할 정도시라면서요?"

"허허, 네가 그런 것까지 다 아느냐?"

은결이의 말에 충녕대군이 쑥스러운 듯 웃었다. 곧 여러 가지 반찬이 나오고 아이들 엄마가 불판에 삼겹살을 올렸다.

그동안 시간 여행을 하면서도 배고픈 걸 몰랐던 두 사람은 눈앞에서 시글시글 구워지는 고기를 보니 계속 침이 나왔다.

"요것 참 맛나다. 내 처지에 이렇게 고기를 많이 먹어 보게 되다니!"

장영실은 입천장을 데면서도 고기를 계속 먹었다.

"선생님, 고기만 드시지 마시고 채소도 같이 드세요."

은결이는 상추에 고기와 마늘을 넣고 커다란 쌈을 만들어 충녕대군에게 건넸다.

"엄마는 주지도 않고 먼저 선생님부터 챙기니? 그렇게 좋아하는 선생

님이야?"

엄마는 계속 충녕대군만 챙기는 은결이를 흘겨보았다.

"엄마, 고기 좀 더 시켜 주세요. 부족해요."

"지금도 많이 시킨 건데. 선생님들께서 정말 잘 드신다."

엄마는 고기를 뒤집으며 투덜거렸다.

"엄마, 이 선생님들께는 고기 백 인분을 사 드려도 하나도 아깝지 않아요."

은결이의 간절한 부탁에 엄마는 어쩔 수 없이 고기를 더 시켰다.

"고기를 많이 드시는 건 좋은데요, 운동도 열심히 하셔야 해요. 앉아서 책만 보지 마시고 몸을 좀 많이 움직이셨으면 좋겠어요."

은결이는 충녕대군에게 엄마처럼 잔소리를 했다.

"운동이라면 격구말을 타고 막대기로 공을 치는 놀이를 즐겨 하고 있단다. 그래도 책 읽을 때가 가장 행복한 것을 어쩌겠느냐."

식사가 끝난 후 모두 부른 배를 두드리며 가게 밖으로 나왔다. 장영실은 어느 틈에 계산대에 있던 사탕까지 가져와 먹고 있었다.

엄마가 한숨을 쉬며 계산을 하는 동안 아이들과 충녕대군, 장영실은 골목에서 이야기를 나누었다.

"이곳에는 한글이 아닌 이상한 글자도 많구나. 한자도 보이고."

충녕대군이 골목의 간판들을 가리켰다.

"저건 영어라고 서양 사람들이 쓰는 언어예요. 그래도 여기는 영어 간판이 적은 편이죠. 우리 동네는 거의 다 영어 간판이거든요. 그리고 정말 죄송한 말씀이지만 요즘 사람들은 한글 대신 영어 공부를 더 많이

해요. 더 중요한 것처럼요."

은결이는 자기 잘못인 양 미안해하며 말했다.

"아니, 이곳 사람들은 왜나라, 아니 일본에게 나라를 빼앗겼을 때 조상들이 한글을 지키기 위해 어떻게 싸웠는지도 모른다는 말이냐? 조선어학회 사람들이 고문을 당하고 목숨을 잃기도 했어!"

충녕대군이 놀라서 소리쳤다.

"저희들도 알아요. 하지만 지금 이 시대에는 영어가 더 중요한 말이 되어 버렸어요. 어쩌면 지금도 일제 강점기처럼 한글이 무시당하고 구박받는 세상인지도 모르겠어요."

은결이의 말에 영어 시험에서 한글 맞춤법을 틀렸던 진결이가 고개를

푹 숙였다.

"내가 글자를 만들어도 그 이후까지 돌봐 줄 수는 없단다. 글자를 아끼고 사랑하는 건 그 시대를 사는 사람들의 몫인 거야. 한글을 지키기 위해 고생하고 목숨까지 건 사람들도 있고, 한글을 소홀히 여기고 다른 나라 말을 더 좋아하는 사람들도 있겠지. 한글의 미래는 너희들에게 달려 있겠구나."

충녕대군의 말에 은결이와 진결이는 힘차게 고개를 끄덕였다.

"세종대왕님, 걱정하지 마세요. 저희가 한글 지킴이가 될게요. 한글을 사랑하며 지키도록 노력할게요."

"그리고 전, 제2의 장영실이 될 거예요. 훌륭한 발명품을 많이 만들겠어요."

진결이는 두 손을 활짝 펼치며 웃었다. 계산을 마치고 나온 엄마가 집에 가자고 아이들을 손짓으로 불렀다.

진결이는 충녕대군에게 인사를 하며 말했다.

"세종대왕님, 좋은 왕이 되어 주셔서 정말 고맙습니다. 대왕님께서 한글을 만들지 않으셨다면 아직도 우리글이 없었을지 몰라요."

은결이는 충녕대군의 손을 다정하게 잡으며 말했다.

"그리고 대왕님, 제발 건강을 잘 챙기세요. 너무 무리하지 마시고 일은 쉬엄쉬엄 하세요."

은결이의 눈에는 벌써 눈물이 그렁그렁 맺혔다.

"내가 병치레를 많이 하게 되나 보구나. 하지만 괜찮다. 백성을 위해서라면 내 목숨을 기꺼이 내놓겠다. 내 몸 하나 상하는 게 뭐가 대수냐. 눈멀고 귀가 먹어도, 좋은 임금이 되기 위해 이 몸을 다 바칠 것이다."

그 말을 들은 은결이는 울음을 터뜨리며 충녕대군을 껴안았다.

"은결아, 인사하다가 갑자기 왜 울어? 선생님은 내일 학교에서 또 만나잖아?"

놀란 엄마가 은결이를 끌어안았다. 진결이도 장영실과 작별의 악수를 했다.

엄마를 따라 지하철역으로 가는 은결이와 진결이는 자꾸만 뒤를 돌아보았다. 충녕대군과 장영실도 이별이 아쉬워 아이들이 보이지 않을 때까지 손을 흔들었다.

두 사람은 다시 광화문 광장으로 가서 한얼이를 기다렸다. 번쩍이는 조명과 높은 건물들로 가득한 서울 시내를 보며 장영실이 말했다.

"저하, 뜨겁지 않아도 반짝이는 불이 있습니다. 땅속을 달리는 전차가 있고 쇠로 만든 자동차라는 것이 혼자서 달리기도 합니다. 정말 신기한 세상입니다. 나중에는 신분과 상관없이 능력을 가진 자들이 대우받는 세상이 온다고 하지 않습니까?"

장영실은 새로운 세상을 눈과 마음에 담으려고 애썼다.

"어머니가 노비여서 노비로 살았습니다. 노비일 수밖에 없는 제 처지가 늘 원망스러웠는데 이제 원망만 하지 않겠습니다. 조선으로 돌아가면 제 처지보다 제가 무엇을 할 수 있는지 먼저 생각하겠습니다. 희망을 가지고 열심히 공부하겠습니다."

충녕대군은 장영실의 손을 잡으며 말했다.

"내가 왕위에 오르면 꼭 너를 찾을 것이다. 네가 꿈을 이룰 수 있도록 내가 힘이 되어 줄 것이다. 너를 큰일에 쓰겠다고 약속하마."

장영실은 충녕대군을 마주 보며 씩 웃었다. 충녕대군이 약속을 지키리라는 것을 믿었다. 그때 다시 한얼이 나타났다.

"이제 다시 조선으로 돌아갈 시간입니다. 시간 여행에서 보고 들으신 것들은 시간이 지나면 잊힐 것입니다. 미래의 지식을 가져갈 수는 없거든요. 자, 떠날 준비가 되셨습니까?"

충녕대군과 장영실은 손을 잡고 고개를 끄덕였다.

한얼이의 손목에서 이제는 익숙해진 빛이 세 사람에게 쏟아졌다. 자동차가 빠르게 뒤로 사라지고 불빛이 점점 줄어들었다.

그리고 잠깐 동안 어둠과 고요함이 찾아왔다.

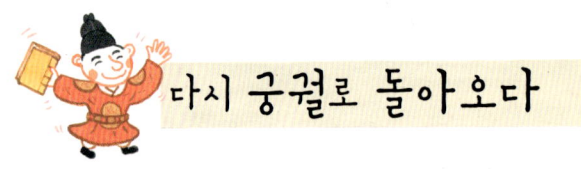

다시 궁궐로 돌아오다

1418년

"모두 고생 많으셨습니다. 이제 시간 여행은 끝났고 두 분이 계셨던 조선 시대로 다시 돌아왔습니다."

한얼이의 말이 끝나자마자, 충녕대군은 말이 꼬리로 엉덩이를 치는 소리를 들었다. 처음 여행을 떠나기 전의 모습 그대로 충녕대군은 말을 타고 있었고 장영실은 말고삐를 잡고 있었다.

"정말 우리가 다시 조선으로 돌아온 것이냐?"

충녕대군은 자신이 입은 도포 자락을 들어 올리며 반가워했다.

"네. 이제 저하께서 결정하실 차례입니다. 궁궐로 돌아가서 왕위에 오르실 것인지, 이대로 암자로 가서 숨어 사실 것인지 말입니다."

충녕대군은 한얼을 보며 말했다.

"내가 비록 준비된 왕은 아니지만 궁궐로 돌아가 왕이 되겠다. 지금의 내가 할 수 있는 최선을 다해 조선을 다스릴 것이다. 앞으로 내가 해야 할 일이 얼마나 많은지 알겠구나. 나는 그 어떤 어려움이 닥쳐도 해낼 것이며, 나 혼자 할 수 없는 일은 주위 사람들과 힘을 합해서 해낼 것이다."

충녕대군의 말을 들은 한얼은 그제야 활짝 미소를 지었다.

"그렇다면 저는 안심하고 제가 왔던 시대로 돌아가겠습니다. 세종대왕님, 만나 뵙고 함께 여행까지 할 수 있어서 정말 영광이었습니다. 장영실님도요. 두 분 모두 많은 사람들이 존경하는 위대한 분이 되실 겁니다."

한얼이는 충녕대군 앞에 엎드려 큰절을 올렸다. 아쉬운 마음에 자꾸만 뒤를 돌아보며 천천히 숲으로 걸어갔다.

한얼이가 숲으로 들어가자 오색 빛이 쏟아졌다 사라졌다.

충녕대군은 말고삐를 잡은 장영실의 손을 꼭 잡았다.

"저하. 어찌 천한 노비의 손을 잡으십니까?"

장영실은 고개를 숙였다.

"어허. 좀 전까지 나랑 마주 앉아 고기도 먹고 손을 잡고 뛰어다니기도 하지 않았느냐?"

"그래도 이제 여기는 조선이 아닙니까? 저는 다시 노비이고요."

장영실은 아직도 여행이 끝난 것이 아쉬워서 한얼이 사라진 쪽을 바라보며 말했다.

"영실아, 너는 천한 노비가 아니다. 너는 나에게 소중한 백성이다. 내가 왕위에 오르면 약속한 대로 너를 찾을 것이다. 그때 너의 능력을 마음껏 펼치면 된다."

"저하, 약속하셨습니다. 저를 절대로 잊으시면 안 됩니다."

장영실은 충녕대군의 손을 맞잡고 몇 번이나 간곡히 말했다.

"저하, 저하!"

저쪽에서 김 내관이 달려왔다.

"저하, 드디어 오셨군요. 한 시각이 천 년 같았습니다. 제 가슴이 까맣게 타 버렸다고요. 그래도 새벽이 되기 전에 오셔서 다행입니다."

김 내관이 고개를 숙이며 울먹거렸다.

"뭐라고? 그렇게 긴 여행을 했는데 한 시각밖에 지나지 않았단 말이냐?"

"저는 정말 저하께서 어떻게 되셨을까 봐, 저하를 끝까지 모시지 못할까 봐 눈물이……."

김 내관은 반가운 마음에 호들갑을 떨었다.

"저하는 제가 잘 모신다고 하지 않았습니까? 우리는 아주 멋진 여행을 잘 했습니다. 김 내관님도 같이 갔으면 좋았을 텐데 말입니다."

장영실은 충녕대군을 올려다보며 웃었다.

"김 내관은 앞장서라. 다시 궁궐로 돌아갈 것이다."

"참말이십니까?"

김 내관은 좋아하며 얼른 장영실에게서 말고삐를 빼앗아 잡았다.

"저하께서 오늘 제 목숨을 구하셨습니다. 곧 왕위에 오르실 세자 저하를 궁 밖으로 모신 제가 어찌 살 생각을 했겠습니까? 저는 이제 살았습니다. 어서 가시지요."

김 내관은 서둘러 말 머리를 궁궐 쪽으로 돌렸다.

"영실아, 나중에 꼭 만나자."

"저하. 이번 여행을 잊지 마시고 꼭 훌륭한 임금님이 되어 주십시오."

장영실은 말을 타고 멀어져 가는 충녕대군에게 큰절을 했다.

"저하, 정말 미래로 여행을 다녀오신 겁니까? 미래의 사람들은 어떻게 생겼던가요, 무슨 구경을 하고 오셨습니까?"

궁궐까지 오는 내내 김 내관은 쉬지 않고 질문을 퍼부어 댔다. 자신도 따라가지 않은 것이 은근히 후회가 되는 듯했다. 그때마다 충녕대군은 여행 때 만났던 사람들과 사건을 떠올리며 생각에 잠겼다.

"그런데 저하, 궁을 빠져나갈 생각만 하고 다시 들어갈 방법은 미처 생각 못했습니다. 일단 나왔던 대로 다시 들어가 보시지요."

충녕대군은 김 내관의 등을 밟고 다시 궁궐 담을 넘었다. 충녕대군과 김 내관은 살금살금 동궁으로 걸어갔다.

"거기 누구냐?"

갑자기 나타난 겸사복이 두 사람의 얼굴에 횃불을 들이댔다.

"세자 저하이십니다. 잠행 임금이나 세자가 비밀리에 나들이하던 일을 다녀오시는 중이니 조용히 물러가시오."

김 내관의 말에 충녕대군의 얼굴을 본 겸사복은 깜짝 놀라 횃불을 내리며 고개를 숙였다.

"저하, 알아뵙지 못해서 죄송합니다. 하지만 이렇게 늦은 시간까지 혼자 궐 밖에 다니시면 안 됩니다. 저하께서 몰래 궁궐을 빠져나가시는 것이 알려지면 저는 죽은 목숨입니다."

겸사복은 쩔쩔매며 무릎을 꿇었다.

"그래서 몰래 들어가는 게 아니냐. 따라오지 말거라."

충녕대군은 겸사복을 억지로 돌려보내고 동궁으로 돌아왔다. 대군은 옷을 갈아입고 바로 책을 폈다.

"저하, 피곤하실 텐데 또 책을 보십니까? 더군다나 오늘은 그 뭣이냐, 시간 여행까지 하셔서 힘드실 텐데요."

김 내관이 머리를 조아리며 말했다.

"쉽게 잠이 오지 않을 것 같구나. 머릿속이 너무도 복잡하다. 그럼 바깥바람이라도 좀 쐬어야겠다."

충녕대군은 동궁에서 나와 경회루까지 발걸음을 옮겼다. 시원한 여름 바람이 기분 좋게 목덜미를 스치며 지나갔다.

풀과 작은 나무들 사이에 숨어 있는 풀벌레들이 합창을 하며 여름을 알리고 있었다. 키가 큰 말채나무가 궁궐을 지키는 호위병처럼 서 있었다.

경회루 근처에 가니 불을 밝힌 사람들이 있었다.

"저하, 주상 전하께서 이곳에 계시옵니다."

경회루는 태종의 명령으로 만든 곳으로 태종이 자주 산책을 나오는 누각이었다.

충녕대군이 태종에게 다가가 인사를 했다.

"세자도 나처럼 잠을 이루지 못하고 있느냐? 하긴 너도 마음이 복잡하겠구나."

고개를 들어 태종의 얼굴을 본 충녕대군은 깜짝 놀랐다. 태종은 얼마나 울었는지 두 눈이 빨갛게 부어올라 있었다.

"지금 네가 있는 세자의 자리가 편한 자리는 아닐 것이다. 나도 양녕_{충녕대군의 큰형}을 세자의 자리에서 내쫓고 싶지는 않았다. 하지만 어쩌겠느냐? 네가 더 왕의 자리에 어울리는 것을……."

태종은 궁 밖으로 쫓아낸 양녕대군을 생각하며 한숨을 지었다. 한숨 속에서 양녕대군에 대한 애틋한 사랑이 느껴졌다.

"도야."

태종은 부드럽게 충녕대군의 이름을 불렀다.

"너는 학문이 깊으며 성품이 어질고 착해 이 나라의 왕으로서 부족함이 없다. 나보다도 훨씬 훌륭한 왕이 될 것이다."

태종은 뒷짐을 지고 하늘을 올려다보았다. 밝은 달을 보니 옛날 생각이 떠올랐다.

"네가 어렸을 때 생각이 나는구나. 너는 몸이 아파도 계속 책을 읽어서 내가 화를 냈지."

"네. 저도 생각이 납니다. 제가 아파도 책을 손에서 놓지 않자, 아바마마께서 제 방에 있는 책을 모조리 숨기지 않으셨습니까?"

충녕대군의 말에 태종은 껄껄 웃었다.

"그래, 그랬지. 책이 없어야 네가 쉴 수 있을 것이라고 생각했다."

"하지만 아바마마, 책을 빼앗는 것은 저를 더 힘들게 하는 것이었습니다. 저는 책을 읽고 싶어서 더 병이 심해질 지경이었거든요. 그래서 혹시 남은 책이 있지 않을까 싶어서 온 방을 샅샅이 뒤졌습니다."

충녕대군은 어린 시절의 일이 며칠 전 일처럼 생생하게 기억났다.

"방을 뒤지다 병풍 속에 끼어 있는 책 한 권을 찾았습니다. 미처 사람들이 발견하지 못하고 남겨 둔 책이었지요. 《구소수간》이라는 책이었습니다. 그때 그 책을 찾게 되어 얼마나 기뻤는지 모릅니다."

"나도 나중에 그 이야기를 들었다. 너는 그 책 한 권을 수십 번 아니 수백 번을 읽었다면서?"

"네, 아바마마. 나중에는 아예 책을 통째로 외워 버렸습니다."

충녕대군은 머리를 긁적거리며 웃었다.

"이 나라를 이끌어 갈 왕이라면 그렇게 책을 좋아해야 한다. 그런데 양녕은 책은 멀리하고 노는 것만 좋아하니 내가 어찌 마음 편히 왕위를 물려줄 수 있겠느냐."

태종은 충녕대군에게 다가와서 다정히 손을 잡았다.

"내가 너에게 왕위를 물려주는 것이 너를 얼마나 힘들게 하는 일인지 잘 안다."

태종은 다시 경회루를 바라보며 괴로운 기억을 더듬었다.

"나는 이 나라 조선을 세우기 위해 많은 사람들을 죽였다. 왕위를 튼튼하게 하기 위해 네 외가마저 몰락시켜야 했지. 왕의 힘이 약하면 주변 사람들에게 휘둘려 제대로 나랏일을 할 수 없기 때문이다."

태종은 충녕대군의 손을 놓고 뒷짐을 진 채 다시 밤하늘의 달을 올려다보았다.

"후세에 사람들이 나를 뭐라고 부를까? 왕위에 욕심이 나 형제와 친구들을 죽인 살인자? 피도 눈물도 없는 폭군?"

충녕대군은 놀라 고개를 조아렸다.

"아바마마. 어찌 그런 말씀을 하시옵니까?"

"괜찮다. 사람들이 나를 그런 사람으로만 기억해도 좋다. 내가 잘한 것은 셋째인 충녕대군을 왕위에 앉힌 것이라는 말만 들어도 좋다."

충녕대군은 고개를 들어 태종의 얼굴을 보았다. 이름만 들어도 수많은 사람이 벌벌 떨던 호랑이 같던 태종이었다. 조선을 반듯하게 세운 거인이었다. 하지만 태종은 몇 달 새 훨씬 약해진 모습이었다. 주름진 눈가에 조선과 충녕대군을 향한 애정과 염려가 담겨 있었다.

"네 형들을 부탁한다. 나처럼 피를 부르지는 말거라."

"걱정 마십시오. 제가 왕이 되어도 형님들은 똑같이 소중한 제 형님일 것입니다."

충녕대군의 말에 태종은 안심한 듯 고개를 끄덕였다. 태종은 충녕대군의 말이 진심이라는 것을 알고 있었다.

어린 시절부터 작은 벌레 하나도 죽이지 못하던 고운 마음을 가진 충녕대군이었다. 형들이 장난으로 개구리에 돌을 던지면 어서 의원을 불러 치료해 달라고 떼를 쓰던 정이 많은 아이였다. 큰형인 양녕대군에게 대들면서까지 바른 소리를 하던 반듯한 동생이었다.

"밤이 깊었구나. 이제 너도 눈을 붙여야 하지 않겠느냐? 피곤할 테니 푹 쉬거라."

태종은 강녕전(임금이 머무는 곳)으로 발길을 돌렸다. 내관과 나인들이 조용히 그 뒤를 따랐다. 몇 발짝 가던 태종이 문득 뒤를 돌아 충녕대군을 불렀다.

"세자! 모든 비난은 내가 받을 것이니, 모든 칭찬은 네가 차지하거라."

태종이 마지막 말에 충녕대군은 마음 깊은 곳이 뜨거워지는 것을 느꼈다.

'아버지께서는 내가 좋은 왕이 될 수 있는 발판을 만드시려고 무거운 짐을 짊어지셨구나.'

충녕대군은 입술을 깨물었지만 흐르는 눈물을 막을 수 없었다.

"아바마마. 당신의 뜻을 받들어 훌륭한 임금이 되겠습니다. 백성과

나라를 위해 몸과 마음을 다 바치겠습니다. 제 힘이 닿는 데까지 모든 것을 다 할 것입니다."

충녕대군은 사라져 버린 태종의 뒷모습을 향해 큰절을 올렸다.

충녕대군은 김 내관과 동궁으로 발걸음을 옮기다 문득 다시 하늘을 바라보았다. 밤하늘의 별들이 저마다 아름다운 그림을 그리고 있었다.

"저것 보아라. 조선의 밤하늘이다. 두고 보아라. 내가 다 가져올 것이다. 중국의 글자와 문화에 갇혀 있는 조선의 하늘과 별, 조선의 땅과 흙, 조선의 악기까지. 모두 조선 백성들의 것으로 만들어 줄 것이다."

충녕대군은 어리둥절해하는 김 내관을 뒤로 하고 씩씩하게 걸어갔다. 시간 여행을 했던 순간들이 꿈처럼 아득하게 희미해져 갔다.

세계가 인정하는 세종의 업적

세종대왕 문해상

유네스코가 문맹 퇴치 사업(글을 모르는 사람에게 글자를 깨우치게 도와주는 일)에 공을 세운 세계 여러 나라의 단체나 개인을 선정하여 주는 상이야. 정부가 후원하는 이 상은 1990년부터 매년 9월 8일 세계 문해의 날에 수여하고 있어.

인도의 문맹퇴치기구가 2013년 세종대왕 문해상을 수상했다.

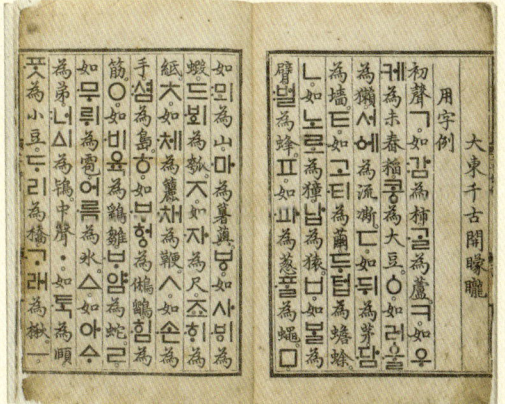

국보 70호, 훈민정음 해례본 간송 전형필 선생이 일제 강점기에 어렵게 구해 간직하였다. 언어의 기원에 관해 기록된 인류 역사상 유일한 기록물이다.

훈민정음 해례본

세종 28년, 훈민정음이 창제된 후 3년 만에 나온 훈민정음의 해설서라고 볼 수 있어. 한글의 창제 원리와 목적, 사용법을 자세하게 설명해 놓은 이 책은 국보 제70호로 지정되어 있으며, 1997년 10월에 유네스코 세계 기록 유산으로 등재되었어.

유네스코 세계 기록 유산은 유네스코가 세계의 귀중한 기록물을 보존하기 위해 선정하는 것이야.

한글, 세상을 꽃피우다

한얼이가 유리관에서 나오자 기다리고 있던 정보 연구소 사람들이 모두 박수를 보냈다.

"한얼아, 수고했다. 이제 비상등이 꺼졌구나."

"잘 해냈어요, 꼬마 친구."

한얼이는 여기저기서 쏟아지는 칭찬에 머리를 긁적이며 웃었다.

"며칠 뒤에 세계 여러 나라 친구들이 오는데, 이번에는 한글을 더 잘 알릴 수 있을 것 같아요. 세종대왕님도 직접 만나고 왔으니까요."

한얼이는 시간 여행 후에도 피곤하기보다 활기차 보였다.

한얼이가 돌아간 후 연구소 사람들은 다시 상황을 확인했다.

"파리의 모습입니다."

에펠탑이 보이는 공원에 한글 간판의 가게들이 눈에 띄었다.

"런던."

"북경."

"모스크바."

정보 연구소장이 지명을 말할 때마다 투명한 모니터에 세계 여러 도시의 모습들이 나타났다. 곳곳에 눈에 띄는 한글 간판과 한글의 모양을 딴 건축물이 보였다.

한국어 전문 서점에는 한글로 쓰인 책들을 사려는 손님들로 북적거렸다. 한글이 쓰인 옷과 개량 한복을 입은 외국인들도 자주 눈에 띄었다.

"모든 것이 잘 돌아가고 있군."

정보 연구소장은 투명한 건물 밖을 내다보았다. 멀리 구름에 휘감겨 높이 솟은 훈민정음 빌딩이 보였다.

그 옆에 있는 한글 박물관에는 오늘도 많은 사람들이 바쁘게 움직이고 있었다. 문자가 없는 민족들에게 한글의 우수성을 알리고 쓰게 하는 일 때문이었다. 정보 연구소와 협력하여 외국인들이 한글을 쉽게 배울 수 있도록 돕는 것도 중요한 일 중 하나였다.

"우리가 하는 일은 매우 중요합니다. 한글을 소중하게 여기고 널리 알리는 것은 현재를 사는 우리가 해야 할 일입니다. 그래야 우리 후손들도 한글을 아끼고 지킬 수 있을 것입니다."

한글 박물관장이 미소를 지으며 직원들을 격려했다.

❀ ❀ ❀

여주에 있는 세종대왕릉은 외국인들이 가장 많이 찾는 관광지 중 하나가 되었다.

"다른 나라의 어떤 왕과 비교해도 이렇게 대단한 왕은 드물 거예요."

보통은 영토 확장이나 문화 발전 등 어느 한 분야에서만 업적을 세우는데 세종대왕은 다르잖아요."

"그렇죠. 나라의 어느 한 부분도 놓치지 않고 훌륭히 다스렸잖아요. 게다가 지금까지 쓰이는 글자까지 만들었으니 정말 대단한 거죠."

세종대왕릉을 보러 온 외국인들은 저마다 세종대왕에 대해 알고 있는 것들을 나누며 즐거워했다.

세종대왕릉 앞에는 세종대왕 때 만들어진 혼천의와 자격루, 측우기 등 여러 유물들이 모형이나 체험해 볼 수 있는 입체 영상으로 만들어져 있었다. 세 시가 되니 천문 시계인 흠경각루가 작동하면서 시간을 알려 주었다.

맨 위에 있는 선녀가 방울을 흔들자, 아래에 있는 청룡이 움직였다. 다음으로 무사 인형이 나와서 종을 치자 각각의 시간을 나타내는 동물 인형 중 하나가 나와 인사를 했다.

그 모습을 본 사람들은 환호성을 지르며 기뻐했다.

"570여 년 전에 저런 시계를 만들었다니 믿어지지 않아요. 한국은 정말 과학이 발달된 나라였군요."

"모두 세종대왕 덕분이지요. 그분은 장영실이나 이천, 정초 같은 과학자들을 소중하게 여기고 지원을 아끼지 않으셨죠."

점점 더 많은 사람들이 한글을 배우고 공부하기 위해 한국을 찾았다.

어떤 언어학자들은 2백 년 전에 있었던 의견처럼 한글을 국제 문자로 쓰자고 하기도 했다. 이미 국제법으로 정하지 않아도 많은 사람들이 배우거나 쓰고 있었기 때문이었다.

중국에서는 한글을 공용어로 써야 한다는 의견이 많아졌다.

"어려운 한자 때문에 중국 사람들 중에서 글을 읽지 못하는 사람들이 많습니다. 한글을 우리 문자로 한다면 이 문제를 해결할 수 있을 것입니다. 이미 다른 나라에서도 그렇게 하고 있지 않습니까?"

"하지만 한자는 우리 중국 고유의 문자가 아닙니까? 역사도 오래되었고요. 한글을 쉽게 배울 수 있는 것은 사실이지만 그래도 우리는 우리의 글자를 잘 가꾸고 보존해야 합니다. 한국 사람들이 한글을 지켜 낸 것처럼요."

❀ ❀ ❀

오늘 들어온 뉴스입니다.

2백 년 전 사용되었던 지폐가 희귀품이 되어 보기 힘든 가운데, 일부 수집가들이 그때 사용되었던 만 원짜리 지폐를 모으면서 문제가 생기고 있습니다.

세종대왕의 인기에 힘입은 만 원짜리 지폐가 엄청난 가격으로 불법 거래되는가 하면 감쪽같이 복제되어 유통되는 일이 벌어지고 있습니다. 점점 이러한 불법 거래 시장이 커지는 가운데, 정부는 이러한 불법 행위를 엄중하게 단속하고 처벌할 것을 약속했습니다.

❀ ❀ ❀

한얼이는 뉴스에 나온 만 원짜리 지폐를 보면서 불과 얼마 전까지 함께했던 세종대왕과 장영실을 떠올렸다. 아직도 그 시간 여행이 꿈만 같았다. 세종대왕이 조선어학회 회원들의 죽음에 눈물 흘리던 모습, 광화문에 세워진 자신의 동상을 보고 감격하던 모습, 새로운 세상에 놀라고

당황하면서도 두려워하지 않는 모습. 한얼이는 벌써 세종대왕과 장영실이 그리워졌다.

'세종대왕님, 이제 한글을 지키는 건 저희들의 몫입니다. 백성을 사랑하셨던 당신을 본받아 이 나라를 더 멋지게 만들겠습니다.'

한얼이는 세계 여러 나라 친구들에게 한글을 전하는 한글 알림이 활동을 위해 힘차게 집을 나섰다. 한얼이는 세종대왕의 후손임이 자랑스러웠다.

세종대왕 시대 연표

1397년 4월 10일 태종 이방원과 원경왕후 민씨의 셋째 아들로 탄생, 이름은 이도

1418년 6월 세자로 책봉

1418년 (세종 즉위년) 8월 10일 경복궁 근정전에서 즉위식을 하고 왕위에 오름

1419년 (세종 1년) 대마도를 정벌

1420년 (세종 2년) 집현전을 크게 늘려 세움

1422년 (세종 4년) 아버지 태종이 승하(왕이 돌아가심)

1433년 (세종 15년) 장영실이 자격루를 만들고 세종이 상호군이라는 벼슬을 내림

1434년 (세종 16년) 7월 이천이 새 활자인 갑인자를 만듦

　　　　　10월 장영실이 해시계 '앙부일구'를 만듦

1441년~1442년 (세종 23~세종 24년) 측우기를 만듦

1443년 (세종 25년) 훈민정음 창제

1445년 (세종 27년) 용비어천가가 만들어짐

1446년 (세종 28년) 3월 왕비 소헌왕후가 세상을 떠남

　　　　　9월 훈민정음을 반포함

1450년 (세종 32년) 세종대왕 승하

사진 자료에 도움을 준 기관

국립중앙박물관
29쪽 황희 초상

국립고궁박물관
30쪽 편경 | 83쪽 자격루 | 84쪽 측우기, 앙부일구

간송미술관
115쪽 훈민정음 해례본

건국대학교 박물관
42쪽 동국정운

전쟁기념관
84쪽 신기전 화차

한글학회
68쪽 한글 잡지